리더를 위한
하멜 오디세이아

리더를 위한 하멜 오디세이아

첫판 1쇄 펴낸날 2021년 11월 5일
첫판 2쇄 펴낸날 2022년 10월 15일

지은이 | 손관승
펴낸이 | 지평님
본문 조판 | 성인기획 (010)2569-9616
종이 공급 | 화인페이퍼 (02)338-2074
인쇄 | 중앙P&L (031)904-3600
제본 | 서정바인텍 (031)942-6006

펴낸곳 | 황소자리 출판사
출판등록 | 2003년 7월 4일 제2003-123호
주소 | 서울시 종로구 송월길 155 경희궁자이 오피스텔 4425호
대표전화 | (02)720-7542 팩시밀리 | (02)723-5467
E-mail | candide1968@hanmail.net

ISBN 979-11-91290-07-3 03900

* 잘못된 책은 구입처에서 바꾸어드립니다.

"이 책은 관훈클럽정신영기금의 도움을 받아 저술 출판되었습니다."

리더를 위한
하멜 오디세이아

손관승 지음

황소자리

하멜의 한반도 도착부터 탈출에 이르기까지

한양
1654.6~1656.3

조선

동해

강진군 병영
1656.3~1663.2

여수
1663.3~1666.9

제주
1653.8~1654.6

나가사키
1666.9~1667.10

스무 살 청년 하멜은 먹고살기 위해 배를 탔다가 낯선 땅 한반도에 내던져진다. 첫발을 내디딘 제주를 거쳐 서울과 강진, 그리고 여수에 이르기까지…, 그는 13년 28일간 조선 땅에 머물렀다. 그때의 경험을 글로 남긴 것이 흔히 우리가 〈하멜표류기〉라고 부르는 보고서이다.

하멜의 청어를 찾아 떠나는 그랜드투어

먼 여행길이 막히고 대면 강의가 줄줄이 취소되면서 원치 않는 두문사객杜門謝客의 시간이 계속되었다. 집에만 틀어박혀 사람 만나는 것을 사양하며 책을 읽고 있을 때 옆에서 친구가 되어 준 것은 내가 '빨간 물'이라 부르는 붉은 포도주 한잔이었다. 어느 날 그 빨간 물이 내게 조용히 물었다. "한반도에 최초의 서양 포도주는 누가, 언제, 어떤 계기로 가져온 것일까?"

이 작은 질문이 17세기 조선에 왔던 헨드릭 하멜이라는 인물을 다시 바라보는 계기가 되었다. 한국 사람이라면 대부분 하멜이라는 이름과 그가 남긴 《하멜표류기》 제목 정도는 들어보아서 생소하지 않다. 조선을 직접 경험하고 책으로 서방세계에 알린 최초의 서양인이라는 것, 사람들이 알고 있는 내용은 대부분 거기까지다. 미국 소설가 마크 트웨인의 위트 넘치는 지적처럼 누구나 읽어야 한다고 말하면서도 대부분 읽지 않는 책을 고전이라 부른다면, 《하멜표류기》도 그중 하나일지 모른다. 원래부터 무미건조한 보고서 형태를 띠고 있어서 그냥 읽으면 자칫 케케묵은 옛날이야기처럼 느껴진다.

그런데 포도주라는 미시사微視史의 눈으로 바라보니 딱딱하게만 느껴지던 그 책에서 감칠맛과 생동하는 기운이 감돌기 시작했다. 그것은 1720년 북경에서 서양인들을 만나 포도주와 카스텔라를 경험하고 레시피까지 남긴 이기지의 여행기 《일암연기》와 더불어 동서 교류사에 매우 진귀한 기록이었다. 색다른 감흥은 그러나 시작에 불과했다.

이 시대에 내가 다시 읽은 《하멜표류기》는 위기 극복의 교과서였다. 스무 살 청년 하멜이 생업을 위해 배를 탔다가 태풍을 만나 인생 계획에 전혀 없던 한반도에 내던져진다. 계속되는 불운과 시련 속에 넘어졌으면서도 그때마다 비틀거리며 다시 일어났다. 이 시대가 요구하는 회복탄력성의 덕목과도 연결된다.

그가 마침내 귀향에 성공한 것은 집을 떠난 지 20년이 지나서였다. 공교롭게도 그 20년은 트로이 전쟁에 참전했다가 고향 이타카로 돌아온 오디세우스의 방랑 기간과 같다. 오디세우스는 호메로스가 창작한 가공의 인물이지만 하멜은 역사에 살아 숨쉬는 실제 인물이다. 하멜은 오디세우스처럼 '메티스metis' 능력이 뛰어났다. 갑작스러운 위기와 급변하는 환경에 기민하게 대응하는 능력이다.

하멜의 전설적인 모험담은 심리적으로 위축된 시대에 꿈의 폐활량을 넓혀 주기에 충분하다. 그의 인생 궤적은 고향 네덜란드를 시작으로 유럽과 아프리카, 인도네시아, 대만, 일본, 청나라에 이르기까지 광범위하게 걸쳐져 있어 그 자체로 흥미롭고 유익한 인문학 그랜드투어다. 그가 《하멜표류기》를 썼던 나가사키의 인공섬 데지마는 일본의 난학蘭學이 시작된 곳이며, 화가 요하네스 페르메이르의 명작 '델프트의 풍경'과 렘브란트의 그림들은 네덜란드 황금의 17세기와 동인도회사를 매개로 하멜과 연결되어 있다.

난파 사고로 처음 도착한 제주도 바닷가를 시작으로 왕의 외인부대 역할을 했던 서울, 7년이나 억류되어 지냈던 전남 강진, 탈출에 성공한 여수에 이르기까지 현장 답사를 하는 동안 하멜이라는 인물은 글을 쓰는 작가에게 보물과 같은 존재라는 확신이 들었다. 강진 병영마을 골목길을 걷다가 만난 옛 돌담은 이 책을 쓰는 결정적 계기가 되었다. 층마다 엇갈리게 쌓아 올린 빗살무늬 돌담은 국내 다른 곳에서는 찾아볼 수 없는 '헤링본 패턴'이라는 특이한 방식이었다. '헤링본'이란 청어 뼈를 말하는 것으로 대항해시대의 거센 물결이 남도의 골목길까지 도달하였다는 생생한 증거였다.

청어는 가뭄이 들었을 때 하멜 일행의 목숨을 살려준 생선이며, 임진왜란의 위급한 상황에서 이순신 장군과 나라를 구한 보물이었다. 한국에서는 가시가 많고 비린내가 난다고 하여 천덕꾸러기 취급을 받았지만, 유럽의 변방에 불과하던 나라 네덜란드가 세계 역사의 주역이 된 것도 청어 덕분이었다. 청어는 강소국强小國의 비밀병기이자 당대의 반도체였다.

나는 남도의 시골 골목길에서 고립과 공포를 꾹꾹 눌러 이기며 돌담을 쌓았을 하멜의 모습을 상상해보았다. 운명의 덫에 빠져 있다는 자괴감과 출구를 모르는 막막한 터널 증후군을 어떻게 이겨냈을까? 헤링본 패턴 담장은 먼 훗날 자신의 흔적을 따라 찾아올 사람을 위해 그가 남겨놓았던 특별한 표식은 아니었을까? 하멜이라는 젊은 여행자가 맛본 숨 막히는 모험담과 살아남고자 하는 간절함, 가혹한 현실에 대한 분노, 자유의 가치에 대한 뜨거운 열망 같은 것들이 한꺼번에 몰려왔다.

작가란 '내가 아니면 쓸 수 없는 것'을 써야 한다고 일본 소설가 무라카미 하루키는 말했다. 하멜은 모험했고 그 모험을 시대에 맞게 재해석하는 것은 내가 할 일이었다. 유럽과 본격적인 인연을 맺은 지 어느새 30년, 유럽 특파원으로 하멜의 고국 네덜란드를 자주 방문했으며 경영자 혹은 작가의 자격으로 오래 관찰했으니 이제 그럴 때는 되지 않았을까?

"이노베이션은 언제나 아웃사이더가 일으킨다."

마스다 무네야키가 《지적자본론》에서 주장한 것처럼 아웃사이더 하멜과 동료들은 변화를 모르던 조선 사회에 충격과 혁신의 기회를 선물했다. 국경이 닫혀 있던 조선 사회에 어느 날 갑자기 등장한 36명의 건장한 네덜란드 남자들은 그 자체로 놀라운 사건이었다. 북경 중심의 대륙 세력 이외에 거대한 해양 세력이 있음을 처음 자각하게 된 순간이며, 과학기술 없는 북벌론의 허상을 인지하게 된 충격적 사건이었다.

제주도 바닷가에는 그가 타고 왔던 범선 스페르베르 모형, 여수 하멜 기념관에는 그가 탈출할 때 이용한 통구민 선박 모형을 전시 중이다. 그 두 개의 배는 각각 돈과 자유를 상징한다. 하멜이 평생 간절히 원했던 두 가지이며 이 시대 사람들이 열망하는 것이기도 하다. 그 누구보다 돈과 자유를 향한 열망이 강했고 뼛속까지 경제적 동물이었지만, 그는 한반도에 남아있던 동료들이 모두 풀려날 때까지 기다렸다가 마지막 순간이 되어서야 비로소 고국으로 떠나는 배에 올라탔다.

"혁신은 누가 리더이고 누가 따르는 사람인지를 구별해준다."

스티브 잡스의 유명한 어록처럼, 하멜은 이론이 아니라 행동으로 리더십을 보여주었다.

이 책에서 나는 돈, 자유, 혁신, 리더십, 정보력, 소통, 회복탄력성 등 일곱 가지 키워드를 중심으로 하멜의 인생과 그 시대를 재해석하고자 했다. 혁신은 리더들에게만 요구되는 것은 아니다. 아무런 배경이 없을수록 혁신이 필요하다.

이 책의 1장은 하멜이 일본 나가사키의 데지마에서 《하멜표류기》를 쓰게 된 동기와 과정을 담았으며, 2장은 네덜란드에서 태어나 동인도회사에 취직해 바타비아를 거쳐 한반도에 도착하기까지의 상황이다. 3~6장은 조선 체류 시절을 담고 있다. 6장에서는 청어와 강소국 네덜란드의 혁신을 중점적으로 다루었다. 7장은 여수에서의 탈출, 그리고 8장은 《하멜표류기》 출간 이후의 이야기다.

턱없이 부족한 자료에도 불구하고 앞서 하멜을 연구한 분들이 없었다면 애당초 이 책은 꿈꾸기 힘들었으리라. 17세기 네덜란드어로 기록된 하멜의 필사본을 직접 번역한 유동익의 《하멜표류기》를 기본서로 삼고 강준식, 김태진 두 분의 번역과 해설, 그리고 영어 번역본을 두루 참고하여 이 책의 문맥과 스타일에 맞게 다시 정리했다. Hamel의 정확한 네덜란드어 발음은 '하멀'이지만, 독자들에게 이미 익숙한 고유명사이기에 기존 표기대로 하멜이라 쓰기로 했다.

《네덜란드에 묻다》의 김철수 저자로부터 하멜의 성장 과정과 네덜란드적 특성에 대해 들을 수 있었던 것은 행운이다. 조선의 사료와 문헌은 강준식의 《다시 읽는 하멜표류기》을 통해 큰 방향을 잡을 수 있었다. 청어의 산업화와 유대인 관련해서는 홍익희 교수, 문학에 들어있는 청어는 한학자인 고영화 선생, 일본 나가사키와 텍셀 섬의 특성에 대해서는 한광야 교수, 전통 소주의 역사에 대해서는 박현희 교수와 콜로키움에 초대해준 강인욱 교수, 포도주와 관련해서는 양진건 교수, 헤링본 다이어그램 방식의 항공사 좌석 배치는 김태엽 아시아나 상무로부터 각각 도움을 받았다. 이 책이 아직 아이디어 차원에 머물러 있을 때 포도주나 커피 한 잔을 사이에 두고 나눈 대화와 이미숙 님 등 페이스북 친구들의 댓글이 큰 힘이 되었다. 모두 감사하다. 힘든 시기 저술지원자로 선정해준 언론인 단체 관훈클럽 정신영 연구기금 관계자 여러분께 고마운 마음을 전한다.

　　피렌체에서 흑사병이 창궐할 때 보카치오가《데카메론》을 써서 화려한 르네상스 시대를 예고했던 것처럼, 이 책을 통해 팬데믹 이후 펼쳐질 세상에 대한 통찰력을 얻기를 희망한다.

2021년 가을, 손관승

차례

1장

나가사키 데지마와
《하멜표류기》

1666년 9월 13일 밤, 나가사키만으로 조용히 들어오는 돛단배 한 척이 있었다. 나가사키長崎는 한자 표기에서 짐작할 수 있듯이 바다 쪽으로 길게 튀어나온 긴 곶Long Cape에 자리 잡은 천혜의 지리 조건 덕분에 오래전부터 외국 깃발을 단 선박의 출입이 잦았으나 이 배는 매우 특이하였다. 큰 바다를 건너왔다고 믿기에는 목선의 크기가 너무 작았고, 배에 타고 있던 여덟 명 선원들의 행색도 이상하기는 마찬가지였다. 분명 조선사람의 옷을 입고 있었으나 조선인의 얼굴과 달리 노란 머리카락에 푸른 눈을 가진 서양인들이었다. 무시무시한 해적이라고 생각하기엔 너무 초라했고, 해양의 무법자 왜구는 더더욱 아니었다. 이 돛단배의 정체는 참으로 알기 어려웠다.

작은 배에 걸린 깃발로 미뤄볼 때 그들의 출신만은 짐작이 갔다. 오라녜Oranje, 네덜란드 독립을 이끈 왕가를 상징하는 깃발이었다. 배가 항구에 가까워지자 돛단배에 타고 있던 여덟 명의 선원들은 누가 먼저라고 할 것 없이 함성을 질렀다. 그곳에 정박해 있던 다섯 척의 선박에 새겨진 VOC라는 익숙한 모노그램이 눈에 들어왔기 때문이다. 모노그램이란 두개 이상의 글자 이니셜을 짜 맞춘 문양을 말하는 것으로, 가운데에 V자가 새겨지고 V의 양쪽 끝 위에 O와 C가 각각 박혀 있었다. VOC는 네덜란드어로 'Verenigde Oost-Indische Compagnie'를 줄인 약칭으로 '동인도회사연합' 즉 세계 최초의 글로벌 회사인 네덜란드 동인도회사를 의미했다. VOC라는 모노그램은 사실상 최초의 상업용 로고이기도 했다.

일본 관리들은 돛단배를 안전한 부두로 유도한 뒤 배에 타고 있던 여덟 명 전원을 내리게 했다. 배 안을 샅샅이 살펴보던 일본 관리는 고개를 좌우로 흔들었다. 여덟 명이 목숨을 의지해 타고 온 배는 드넓은 바

최초의 글로벌기업 네덜란드 동인도회사의 선박.
네덜란드는 1602년 동인도회사VOC를 설립하면서 본격적인 대항해시대를 선언한다. 동인도회사는 여섯 개 지부를 갖춘 연합체였다. 그림 왼쪽 상단 검정색 VOC는 동인도회사연합의 로고이다. VOC는 나라 밖의 또 다른 나라였고, 상업과 군대를 병합한 매우 독특한 조직이었다. 전성기에는 최대 5만여 명의 직원을 거느렸으며, 암스테르담과 델프트 같은 VOC 소속 회원 도시들은 무역을 통해 막대한 부를 축적했다. 하멜은 VOC의 직원이었다.

다에서 장거리 항해를 하기에는 크기가 너무나 작고 위험해 보였기 때문이다. 그 배는 일명 '통구민 배', 통나무 속을 파내고 만들어 그런 이름이 붙었으며 '통선'이라 부르기도 한다. 남해안에서는 '통구맹이' '통구미' 등으로 불리던 전통 소형 어선의 한 종류로 조선의 어부들은 남해안 연안에서 고기잡이로 주로 이용했다.

여덟 명의 네덜란드 선원들이 여수에서 극적으로 탈출한 것은 이보다 9일 전인 1666년 9월 4일이었다. 일엽편주 一葉片舟, 풍랑 앞에 선 조각배 신세였지만, 다행히 큰 위험을 피해 규슈지방에 있는 히라도平戸와 고토五島를 거쳐 목적지인 나가사키만으로 들어올 수 있었다. 육지에 내린 여덟 명의 탈주자들은 나가사키의 어느 관공서 건물로 안내되었다. 통역을 대동한 일본 관리는 제일 앞에 서 있던 네덜란드인에게 질문을 던지기 시작했다.

"먼저 성과 이름을 말해보시오!"

"네, 제 이름은 헨드릭, 성은 하멜입니다."

13년 만에 갈아입은
네덜란드 옷

헨드릭 하멜을 필두로 여덟 명 모두 장시간에 걸쳐 일본 관리로부터 심문을 받았다. 피곤한 입국 절차가 끝난 뒤 이들은 네덜란드 '카피탄'에게 인도되었다. 일본인들이 말하는 카피탄ヵビタン이란 포르투갈어 카피탕Capitão에서 나온 말로 영어의 캡틴과 같은 의미다. 일본인들은 포르투갈 사람들이 머물던 시절부터 데지마 상관商館 책임자를 그렇게 불렀는데, 상관의 주체가 포르투갈에서 네덜란드로 바뀐 뒤에도 그 호칭을 그대로 사용했다.

당시 네덜란드 상관의 책임자는 빌럼 폴허르, 그는 처음 하멜 일행의 행색을 보고 깜짝 놀랐다. 분명히 네덜란드어로 말하고 외모도 비슷했지만, 걸치고 있는 옷이 너무도 이상했기 때문이다. 게다가 이들의 입에서 나오는 사연도 도무지 믿기 힘들었다. 환영 인사를 건넨 폴허르는 여덟 명 전원에게 네덜란드 의복을 전달했다. 하멜은 입고 있던 조선옷을 벗고 네덜란드 옷으로 갈아입었다. 13년 28일간의 억류 생활이 종료되었으며, 조선인에서 네덜란드 사람으로 마침내 돌아왔다는 공식선언이었다.

하멜은 오랜만에 긴장을 풀고 네덜란드 음식을 먹으며 행복한 며칠을 보냈다. 데지마 도착 직후 환영식에서 무엇을 먹고 어떻게 지냈는지 상세한 내용은 알 수 없다. 13년 이상 조선에서 생활했으니 젓가락질에 익숙해졌겠지만, 식탁 위에서 오랜만에 발견한 포크를 보며 주체하기 힘든 감회에 젖었으리라. 나가사키는 해산물로 유명한 곳이니 생선이 식탁 위에 올랐을 것도 같다. 네덜란드 사람들이 즐겨 먹던 흑호밀 빵에 에튼 수프나 휘츠폿이 제공되지 않았을까? 네덜란드어로 에튼Erwten은 완두콩을 의미하는데, 완두콩을 주재료로 돼지고기와 소시지를 샐러리, 감자와 함께 넣어 끓인 콩 수프다. 반면 휘츠폿hutspot은 잘게 다진 고기와 당근 등 채소, 감자를 냄비에 함께 넣고 생강과 레몬즙을 섞어서 끓인 스튜이다. 혹은 U자형 전통 소시지를 감자와 각종 채소 조린 것과 함께 먹는 스탐포트Stamppot가 제공되었을지도 모르겠다. 감자는 1603년 네덜란드를 통해 일본에 전해졌으니 하멜이 나가사키에 도착했던 1666년쯤이면 이미 일본에서도 어렵지 않게 구할 수 있었다.

축하 저녁이니만큼 오랜만에 고향의 치즈 맛을 보았으리라. 네덜란드는 간척으로 만들어진 땅이 많고, 특히 북홀란드 지역은 북해와 가까워 땅에 습기와 소금기가 많아서 농작물 재배는 적합하지 않다. 그 대안으로 발달한 것이 목축업이다. 영어로 고다Gouda로 알려진 하우다 치즈 그리고 에담Edam 치즈가 유명하다. 하우다 치즈는, 둥근 원통 모양 치즈 1kg을 만들기 위해 우유 10kg이 필요할 만큼 고단백이며 영양분이 풍부해서 대항해시대의 선박들이 꼭 챙겨가는 비상식량이었다. 에담 치즈는 상대적으로 지방 함유량이 적고 숙성기간이 짧아 안주나 디저트로 주로 소비한다. 지금도 암스테르담 야간 운하 투어에서 포도주와 치즈를 곁들인 관광상품이 많은 이유다.

치즈가 나왔다면 맥주나 포도주 혹은 일본 술을 한 잔씩 권해가며 환영하지 않았을까? 17세기 중반쯤이면 나가사키에도 신대륙에서 건너온 담배가 들불처럼 퍼져나가 니코틴 중독에 걸린 사람들이 많았다고 하니 하멜 일행 가운데는 담배 연기를 허공에 길게 뿜으며 긴장을 푸는 사람도 있었을 것 같다. 하멜은 실로 오랜만에 '헤젤리헤이트gezelligeid'라는 네덜란드 단어를 떠올리면서 잠자리에 들었으리라. '아늑하다', '편안하다' 등의 다양한 의미를 지닌 네덜란드 특유의 표현이다.

때마침 나가사키 항구에 정박 중이던 네덜란드 선박들은 출항을 앞두고 있었다. 하멜은 곧 고향으로 돌아가는 배에 오르게 된다는 설렘으로 들떴다. 동료들과 함께 하멜도 출항 준비를 서두르고 있었다. 그때 일본 측으로부터 느닷없는 연락이 왔다. 에도에 있는 막부幕府(일본어로는 '바쿠후')로부터 허락이 떨어지기 전에는 조선에서 탈출한 8명 전원은 승선할 수 없으며 데지마에 머물러야 한다는 통보였다. 그야말로 마른하늘에 날벼락 같은 소식이었다.

며칠 뒤 하멜은 항구에 서서 하염없이 손을 흔들며 VOC 소속 선박들이 나가사키만으로 빠져나가는 모습을 바라보고 있었다. 분명 자신이 탔어야 할 배였다. 운명의 여신은 이전에 그랬던 것처럼 또다시 그를 쉽게 놓아주지 않았다. 그토록 오랫동안 갈구해온 자유를 찾았다고 생각한 순간, 영문도 모른 채 다시 자유를 저당 잡히고 만 것이다. 범선들이 시야에서 사라지자 하멜은 흔들던 손을 힘없이 내려놓았다. 하멜은 참담했던 그때의 상황을 최대한 감정을 억누른 채 적어 내려갔다.

10월 첫날 폴허르 상관장이 (데지마) 섬을 떠났고, 10월 23일에는 선박 7척도 출항했다. 우리는 슬픔 속에서 그 배들을 바라보았다. 우리는 상관장과 함께 바타비아로 항해한다고 생각했으나, 나가사키 부교는 우리를 1년 동안 더 붙잡아 두었다.

나가사키 부교奉行(봉행)란 네덜란드 선박의 입항 수속과 데지마 상관의 동정 감시 등 업무를 책임지던 일본인 관리를 말한다. 바타비아는 현재의 인도네시아 수도 자카르타를 뜻하며 네덜란드가 아시아 향료무역을 위해 건설했던 식민 기지였다. VOC 본

나가사키와 인공섬 데지마出島.

나가사키와 작은 다리를 사이로 연결된 데지마(오른쪽) 상공에 네덜란드 국기가 게양되어 있다.
데지마는 부채꼴 모양으로 조성한 약 4,000평 크기의 인공 섬으로 허가를 받은 사람만이 통과
할 수 있었다. 네덜란드가 데지마에 상관을 연 것은 1641년, 이곳에서 《하멜표류기》가 탄생되
었다. 그림은 19세기 일본 화가의 작품으로 왼쪽에 네덜란드 교관과 함께 훈련받는 일본 해군
훈련센터의 모습이 보인다.

사는 암스테르담에 있었지만, 실질적인 활동은 바타비아 본부 중심으로 이뤄지고 있었다.

일본과 네덜란드 사이의 협정에 따라 VOC 선박은 1년에 딱 한 차례만 입항할 수 있었으니 아무리 빨라도 다음 배가 들어오는 1년 뒤에나 떠날 수 있다는 뜻이었다. 하멜은 잠시 하늘을 올려다보았다. 왜 운명은 자신에게만 이토록 가혹한 것일까? 낯선 조선 땅에 13년 28일이나 강제로 억류된 것도 받아들이기 힘든데, 또다시 이해할 수 없는 이유로 인해 고국으로 향하는 배에 탑승하는 것이 거부되었다. 그가 머물게 된 데지마는 작은 인공섬이니 다시 한번 새장에 갇힌 새의 신세가 되어버렸다.

불과 두어 시간 전만 해도 발 디딜 틈 없이 사람들로 북적거리던 데지만 상관에는 이제 죽음 같은 적막만이 감돌았다. 갑자기 사람들이 사라져버린 공간, 익숙하던 소음의 부재와 침묵. 그런 상황은 때로 사람을 두려움에 빠지게 한다. 허탈감과 슬픔, 분노, 공포 같은 감정들이 한꺼번에 몰려와 하멜은 어금니를 꽉 깨물었다. 그렇지 않았더라면 뜨거운 눈물이 하염없이 흘러내렸을 테니까.

뱃사람의
다리를 가진 하멜

고난이 닥쳐올 때 사람들은 두 부류로 나뉜다. 쉽게 깨지는 그
릇이 있는가 하면 더 단단해지는 유형도 있다. 좌절한 나머지 술
이나 중독성이 강한 것들에 의존해 스스로를 망가뜨리는 사람들
도 적지 않다. 소수이기는 해도 어떤 사람들은 그 가혹함마저 자
기의 자산으로 만든다. 하멜은 소수인 후자에 속했다. 아무리 힘
든 상황이나 어려움이 닥쳐도 포기하지 않고 앞으로 나아가려는
불굴不屈의 정신력과 끈기의 소유자였다. 무수한 고난과 위기를
겪으면서도 그가 끝까지 살아남을 수 있었던 비결 중 하나다.

하멜의 그러한 삶의 태도는 뱃사람의 다리에 비유할 수 있다.
위기와 고난이라는 이름의 파도에 출렁거리고 흔들거려도 그 리
듬에 맞출 수 있는 적응력을 말한다. 안전한 육지 생활만 한 사
람에게서는 도저히 기대하기 힘든 귀중한 자산이다. 하멜은 큰
바다에서 험한 파도에 뱃멀미하며 뱃사람의 다리 감각을 익혔

다. 그 다리 감각은 절대로 책과 책상에서 배울 수 없다.

하멜이 일본 데지마에 갇혀 지낸 기간은 1년 40일, 강제노역이나 학대 같은 것은 없었고 음식 지원도 나쁘지 않았지만, 데지마의 네덜란드 상관 안에서만 머물러야 했다. 데지마는 작은 인공섬이니 감옥은 아니었어도 심리적으로는 창살 없는 감옥과 크게 다르지 않았다.

폭풍처럼 뒤흔든 마음의 고통부터 가라앉혀야 했다. 국제기구들은 아프가니스탄이나 이라크처럼 테러가 빈발하고 정신적 스트레스가 극심한 곳에 근무하는 직원들에게 4주 또는 6주에 한 번씩 'R&R'이라는 이름의 휴가를 명령한다. 'Rest & Recuperation'의 준말로, 휴식과 회복을 의미한다. 휴식이라고 하면 '논다'는 말을 먼저 떠올리지만, 스트레스에서 해방되는 것이 먼저다. 그렇지 않으면 몸과 마음의 균형이 무너져 병들기 때문이다. 극도의 좌절과 스트레스를 받았던 하멜은 데지마 섬에서 휴식과 회복을 취하기로 했다.

그러던 어느 날 하멜은 책상에 앉았다. 호흡을 크게 몰아쉰 뒤 펜을 움직이기 시작했다. 소설보다 더 극적인 자신의 인생 이야기를 쓰기로 한 것이다. 불행에 짓눌리지 않겠다는 저항의 몸짓이기도 했다. 지루하고도 고통스러운 시간에 글마저 쓰지 않았더라면 완전히 무너졌을지 모른다. 모험하는 동안 손으로, 눈으로, 머리로 열심히 무언가를 수집하였지만, 이제 하멜의 손에 남은 것은 하나도 없었다. 모든 것을 잃고 간신히 몸만 빠져나온 터였다.

글을 쓴다는 것은 자기가 누구인지, 그 정체성을 확인하는 작업이다. 데지마 섬에 남아 글을 쓰고 있는 하멜의 모습은 스페인 작가 세르반테스를 떠올리게 한다. 불운과 불행이라면 세르반테스 역시 하멜 못지않다. 세르반테스는 스페인에 무적함대라는 명성을 가져다준 레판토 해전에 참전했다가 부상으로 왼팔 불구가 되었다. 그것이 불행의 전부는 아니어서 북아프리카에 노예로 끌려갔다가 간신히 살아왔다. 하지만 고국에서 그를 맞이한 것은 궁핍과 감옥 생활뿐이었다. 세르반테스는 그 힘든 시기에 값싼 포도주를 마시며 근대소설의 효시로 평가받는 《돈키호테》를 썼다. 소설의 마무리에서 세르반테스는 자신의 애틋한 심경을 이렇게 전하고 있다.

> 돈키호테는 오로지 나를 위해서 태어났으며, 나 또한 그를 위해서 태어났다. 그는 행동할 수 있었고, 나는 그것을 기록할 수 있었다.

근대문학의 시작을 알린 돈키호테라는 캐릭터가 매력적인 것은 엉뚱하고 기행을 거듭했기 때문만은 아니다. 변화하는 세상에서 객체가 아닌 주체로 대처하고자 하는 적극적인 삶의 태도 때문이었다. 흥미로운 것은 나가사키의 쇼핑 명소 이름이 '돈키호테'라는 사실이다. 이곳은 화장품과 약품에서부터 과자, 카메라, 의류, 패션잡화, 성인용품까지 압축진열로 성공한 할인 종합 잡화점이다. 꼭 무언가를 산다기보다는 다양하고도 엉뚱한 물건들을 눈으로 둘러보는 것만으로 재미를 느끼는 곳이다. 일본을 방문한 한국인들이 한 병씩 사게 되는 양배추 추출물로 만든 위장약 '카베진', 인기 캐릭터 도라에몽, 헬로키티, 피카츄, 다양한 피규어, 최초의 컵라면인 닛신 컵누들, 젊은 층에 인기 있는 곤약 젤리와 코로로 젤리도 구할 수 있다.

무릇 캐릭터의 원조라 할 만한 돈키호테. 그 캐릭터를 만들어낸 작가 세르반테스가 그러하였듯, 하멜도 자기 운명에 능동적으로 대처하는 적극적 인물이었다. 세르반테스가 위대한 캐릭터 돈키호테를 창조해냈던 것처럼, 하멜은 《하멜표류기》라는 책을 통해 '불굴의 하멜'이라는 캐릭터를 만들어나갔다.

하멜에게는 들려줄 이야기가 차고 넘쳤다. 하지만 태풍으로 난파한 선박에서 황급히 탈출했고, 그 이후에도 자주 이동해야 했으며, 불안한 생활의 연속이었다. 여수에서도 간신히 몸만 빠져나온 처지였다. 충실한 자료지원이 있을 리 만무하고, 기록의 유실이나 완벽하지 않은 기억으로 인해 중간중간 시간과 기록의 공백도 있었다. 하멜은 동료들에게 묻고 또 물으며 메모를 했다. 희미한 기억의 창고에 처박혀 있던 삶과 경험의 조각을 하나씩 꺼내 퍼즐을 맞추기 시작했다.

《돈키호테》를 쓰던 세르반테스의 옆에 포도주가 있었던 것처럼, 데지마 섬의 책상에서 글을 쓰던 하멜의 옆에도 가끔이기는 하지만 붉은 포도주 한잔이 주어지지 않았을까? 포도주라 부르는 그 신비한 빨간 물은 작가들에게 마법 같은 이야기가 탄생하도록 부추기는 법이니까. 네덜란드 상선들은 항상 포도주 통을 싣고 다녔고,《하멜표류기》에도 포도주 이야기가 나오는 것으로 볼 때 개연성 있는 상상이다. 아니면 일본의 사케가 있었을까?

하멜의 인생을 따라가다 보면 독특한 매력을 발견한다. 책상에서 머리로 성장한 사람에게서 찾아보기 힘든, 온전히 자기의 힘만으로 살아온 자의 야성 같은 본능이다.

그에게 스승은 책이 아니라 언제나 삶이었다. 그는 수십 번 인생의 수렁에 굴러떨어졌으나 그때마다 필사적으로 그 수렁에서 빠져나왔다. 누구나 목표가 있고 도전을 하지만 예기치 않은 사건과 사고를 만나고 음모에 빠지면 좌절한다. 위기가 닥치면 사람들은 쉽게 무너지지만, 삶의 현장에서 잔뼈가 굵은 사람은 다르다.

하멜은 비틀거리면서도 일어났고 그때마다 더 강해졌다. 그를 가리켜 삶의 혁신가라 말하는 이유다.

나가사키 짬뽕과 카스텔라

하멜이 도착해 억류된 나가사키와 그 앞의 인공섬 데지마는 어떤 곳인가? 현대의 나가사키는 과거의 영광이 사라진 지 오래되었지만, 대항해시대의 향수를 느끼기 위해 네덜란드 사람들이 자주 찾는 도시다. 반면 미국인들은 이 도시에서 샌프란시스코의 분위기가 물씬 풍긴다고 말한다. 바다가 있고 언덕이 많으며 그 언덕을 트램이 오르내린다. 차이나타운이 있는 것까지 두 도시는 비슷한 점이 적지 않다. 샌프란시스코의 언덕을 오르내리는 전차처럼 나가사키의 언덕에서도 천천히 달리는 트램을 발견할 수 있다. 어딘가 이국적이면서도 동양적이며, 빈티지와 시크한 멋이 함께 풍기는 도시다.

한국의 나이든 세대 가운데 컵을 '고프'라 부르는 분들이 있다. 그 말은 어디서 왔을까? 컵을 의미하는 네덜란드어 kop에서 온 것으로 일본인들은 이를 코프コップ라 불렀다. 맥주를 의미하는 일본어 '비루ビール' 역시 네덜란드어 비어bier에서 유래했으며, 유리를 의미하는 일본어 가라스ガラス는 네덜란드어 glas에서 따온 것이다. 일본이 나가사키와 데지마를 통해 받아들인 네덜란드의 흔적이다.

하멜이 머물던 데지마出島는 한자에서 짐작할 수 있듯이 해외로 '나가는 섬'이다. 일본이 해외 교역을 위해 나가사키 앞의 모래땅을 매립하고 건설한 인공 섬이었다. 부채꼴 모양에 면적은 15,000m²(약 4,000평) 정도였다. 상관商館에는 '카피탕'이라 부르는 상관장, '페이토르feitor'라 명명하던 차석 상관장, 창고장, 서기, 상관장 보조원, 의사, 조리사 등 열 명 전후의 인력이 상시 체재했다. 네덜란드에서 온 선박이 이곳에 정박하더라도 육상 체류는 스무 명에서 서른 명 정도만 허용되고 나머지 선원들은 배 위에서 생활해야만 했다. 데지마와 육지 사이에는 작은 다리가 있어 일본 정부로부터 허가를 받은 사람만이 통과할 수 있었다. 일본 여성과 교제하는 등 자유로운 생활은 후기에 가서야 가능했다. 통제 가능한 범위 내에서 무역 통상의 이득과 안전을 동시에 취하겠다는 전략의 일환이었으며, 핵심은 일본인들이 '기리시탄'이라 부르던 기독교도의 유입 방지였다.

'God, Gold, Glory, and Spice'

포르투갈과 스페인이 주도했던 초기의 동남아시아 진출 정책과 식민주의를 설명할 때 학자들이 강조하는 말이다. 가톨릭 국가였던 두 나라의 해외정책은 기독교 포교God와 황금Gold, 왕실의 영광Glory이라는 3G와 향료Spice 무역에 초점이 맞춰져 있었다.

나가사키에서 서양의 첫 주역은 네덜란드가 아니었다. 1549년 예수회 소속 스페인 선교사 프란시스코 하비에르가 규슈지방에 도착한 것은 하나의 이정표가 된다. 그는 처음에 가고시마에 상륙했으나 불교도들의 반대가 심해 10개월 만에 히라도平戸로 쫓겨갔다. 히라도는 나가사키 북서쪽에 있는 규슈지방의 항구도시로 곧이어 포르투갈 배가 히라도에 정기적으로 들어오기 시작했다.

1570년 영주였던 오무라 스미타다大村純忠가 포르투갈에 나가사키 항을 개항하고, 상관을 허용하면서부터 나가사키는 해외 교류의 주역이 된다. 그는 앞서 1563년 바르톨로메오라는 세례명을 받아 일본 최초의 가톨릭 다이묘가 되었고, 한발 더 나아가 1580년 나가사키 항구 일대를 예수회에 기증했다. 16세기 이후 나가사키가 남만南蠻 무역의 거점이 된 배경이다. 예수회는 나가사키 일부를 영지로 얻어 일찍이 찾아보지 못한 번영을 누렸다.

1582년 1월 28일, 오무라, 오토모, 아리마 등 규슈지방의 가톨릭 다이묘 세 명이 합동으로 추진한 '덴쇼天正 소년사절단'이 나가사키 항을 출발해 로마로 향한다. 임진왜란이 일어나기 10년 전의 일이었으니 나가사키가 얼마나 일찍부터 서구와 깊은 관계를 맺었는지 짐작할 수 있다. 나가사키는 유럽풍 건축물들이 경

일본 야마구치의 하비에르 기념교회 인근에 세워진 성 프란시스코 하비에르 동상.
예수회 지도자 가운데 한 명이었던 하비에르가 1549년 규슈 지방에 도착한 뒤 20년 만에 서일
본에는 200곳 넘는 교회가 생겼다. 절정기인 1613년에는 일본의 가톨릭 신자가 22만 명에 이
를 정도로 급성장하였으며 나가사키는 그 중심이었다.

쟁적으로 들어서며 일본에서 가장 이국적인 도시로 성장해나갔
다. 나가사키와 히라도는 서쪽의 서울이라는 뜻으로 서경西京이
란 별명을 얻을 정도였다.

하비에르 신부가 포교를 시작한 뒤 20년 만에 서西일본에는
200곳 넘는 교회가 생겼다. 예수회는 처음에 인도 관구에 속해
있던 일본 포교구를 1609년 독립 관구로 승격해 중국 포교구를
산하에 둘 정도로 급격하게 성장했다. 절정기인 1613년에는 일
본의 가톨릭 신자가 22만 명에 이를 정도였다. 당시 나가사키의
주민 5만 명 대부분이 가톨릭교도였고, 13개의 교회가 들어서서

나가사키는 작은 로마라 불릴 정도였다. 임진왜란 때 끌려간 조선인 포로들이 세운 '성로렌초 성당'도 나가사키에 있었다.

나가사키에 카스텔라가 널리 퍼진 것은 기독교 포교와 무관치 않다. 나가사키의 유명한 카스텔라는 원래 스페인 카스티야 지방의 빵으로 16세기 개항 시기에 포르투갈 사람들이 가져왔다. 일본인들은 여기에 물엿을 섞어 일본식으로 개량해 이 도시를 대표하는 제과류로 만들었다.

도요토미 히데요시 치세와 임진왜란 7년 통사를 담은 《다이코기太閤記》는 에도시대 200여 년간 베스트셀러였다. 김시덕의 《동아시아, 해양과 대륙이 맞서다》에 따르면, 《다이코기》의 저자 오제 호안小瀬甫庵은 선교사들이 일본에서 포교할 때 술 좋아하는 이들에게는 포도주, 술 못 마시는 사람에게는 카스텔라, 캐러멜, 별사탕을 주며 유혹했다며 기독교를 비난했다고 한다. 입이 행복하면 마음은 쉽게 열리고, 마음이 열리면 귀도 어렵지 않게 열리는 법일까?

임진왜란이 끝나고 도쿠가와 이에야스가 일본을 평정한 뒤 나가사키는 새로운 운명을 맞는다. 막부는 에도시대 초기부터 나가사키의 효용가치에 주목해 지역 영주가 아니라 중앙에서 직접 다스리는 방식을 택했다. 그런 한편으로 기독교 신도의 폭발적 증가세를 우려한 일본 막부는 1623년 포르투갈인 출국 명령, 1624년 스페인과의 국교 단절조치로 맞서고 1634년부터 2년에

히라도의 네덜란드 동인도회사 **상관**商館.
VOC 일본 사무소는 원래 히라도에 있었으나 종교문제로 포르투갈이
쫓겨나면서 1641년 데지마로 옮긴다. 일본과 네덜란드는 종교를 배제
한 통상 위주의 실용적 관계였다.

걸쳐 나가사키 앞에 인공섬을 만들어 포르투갈 사람들을 이곳에
거주하게 했으니 그곳이 바로 데지마다.

막부의 강경조치에 대항해 1637년 규슈에서 가톨릭 민중을 중
심으로 한 시마바라의 봉기가 일어난다. 하지만 이 봉기의 배후
에 포르투갈이 있다고 의심한 막부는 1639년 포르투갈 선박의
일본 입항 전면 금지 조치를 단행했다.

네덜란드가 나가사키 데지마에 상관商館을 연 것은 1641년, 하
멜이 제주도에 오기 불과 12년 전의 일이었다. 상관이란 무역사
무소를 의미한다. 원래는 히라도에 상관을 설치하고 있었는데

포르투갈 사람들이 추방된 뒤 이곳으로 옮겨왔다.

네덜란드는 포르투갈이나 스페인에 비해 해외개척의 후발 주자였다. 1522년 위트레흐트 출신의 하드리아누스가 메디치 가문의 교황 레오 10세에 이어 네덜란드인으로서는 최초로 교황 하드리아누스 6세가 된 적이 있지만, 스페인과 독립전쟁을 치른 후부터 네덜란드는 칼뱅주의를 믿는 신교도들이 압도적으로 많았다. VOC가 일본과 교섭하는 과정에서 재화와 경제 이익에 충실할 뿐 기독교 포교와 패권 추구를 내걸지 않은 점이 막부의 마음을 사로잡았다.

비록 쇄국정책을 펼쳤어도 일본은 네덜란드의 수준 높은 과학기술을 배우고자 했으며, 선진 문물을 통해 경제를 부흥시키고 싶어했다. 종교 및 정치적 불안 요소만 제거된다면 무역으로 인한 큰 이득을 놓치고 싶지 않은 것이 막부의 속내였다. 네덜란드가 막부를 도와 반란을 잠재우는 데 도움을 준 것도 큰 영향을 미쳤다. 명분과 종교가 아니라 경제에 기반한 실용적 관계였다. 이후 두 나라는 1859년까지 200여 년간 긴밀한 파트너 관계를 유지하게 된다.

종교라는 관점에서 보자면 나가사키는 포르투갈과 스페인으로 대표되는 가톨릭과 네덜란드 신교도 간 경쟁의 장이었고, 구체적으로는 가톨릭의 예수회와 네덜란드 칼뱅주의Calvinism 간 치열한 대결이었다. 최종 승자는 칼뱅주의였다.

한편 나가사키에는 일찍부터 중국인들이 많이 몰려와 살았다. 특히 명明나라 말기와 청나라 초기에 전란을 피해 일본으로 건너온 중국인이 증가하자 이들을 가리켜 도진唐人이라 불렀다. 나가사키의 중국인들은 1689년부터 '도진야시키唐人屋敷'라는 성벽 안으로 활동이 제한되었다. 도진야시키 면적은 처음에는 약 26,440m²(8,000평), 이후에는 약 31,070m²(9,400평)으로 확장되었다. 이곳에 중국인들이 몰려 살기 시작하면서 일본의 다른 지역에서 볼 수 없는 방식으로 중화요리가 독특하게 진화했다.

나가사키는 쿠로시오 해류가 들어오는 길목이어서 오래전부터 해산물의 질이 좋기로 유명했다. 일본인이 섭취하는 동물성 단백질의 약 40~50%가 어패류라는 통계가 있을 정도로 해산물 의존도가 높았다. 나가사키의 화교 거리에는 중국식과 일본식을 합성한 퓨전 음식이 많이 생겨났다. 그중 하나가 '나가사키 짬뽕'이다. 1899년 중국에서 온 요리사가 고향 요리를 기초로 해서 현지화한 음식인데 일본어로 '잔폰ちゃんぽん'이라 불렀다. 한국 짬뽕 맛과 달리 나가사키에서 만나는 짬뽕은 전혀 맵지 않고 흰색에 가깝다. 단순히 시간으로만 따져본다면 하멜은 나가사키의 명물 카스텔라를 먹어보았을 가능성이 있다. 하지만 나가사키 짬뽕은 19세기 말에 생긴 음식이니 경험하기는 힘들었을 것 같다.

일본의 54개 질문과
'오란다 풍설서'

하멜의 데지마 체류 시절 중 눈여겨보아야 할 날이 있다. 1666
년 10월 25일, 네덜란드 동인도회사의 마지막 배가 나가사키 항
구를 떠나고 이틀이 지난 날이다. 하멜은 일행과 함께 나가사키
'부교쇼奉行所(봉행소)'라 부르는 관청건물로 또다시 불려간다. 나
가사키 부교奉行는 데지마 네덜란드 상관의 동정 감시업무를 책
임지던 관리였다. 서양에 대한 일본의 대외적 우위를 과시하느
라 일부러 직급이 높지 않은 관리를 임명했지만, 실제로 그 자리
는 매우 중요했다.

하멜은 나가사키 도착 직후 이미 한 차례 심문을 받은 적이 있
으므로 이번이 두 번째 심문이었다. 부교로부터 1차 때와 똑같
은 54개의 질문을 받았고, 이전과 동일한 대답이 반복되었다고
하멜은 기록하고 있다. 일본은 왜 하멜 일행에게 같은 질문을 두
차례나 던졌을까? 통역의 실수를 줄이기 위한 목적도 있었다.

포르투갈에서 네덜란드로 파트너가 바뀐 지 아직 오래되지 않아서 통역이 완벽하지 않았기 때문이다. 일본의 관점에서는 일차적으로 하멜 일행이 '기리시탄'인지 여부를 가리는 게 중요했다. 기리시탄キリシタン은 포르투갈어 크리스탕Cristão에서 유래한 표기로 크리스천 즉 기독교 신자를 가리키는 말이다. 조선과 관련해서는 또 다른 포석이 있었다. 통상적인 질문을 넘어선 몇 가지 심문 속에 그 답이 숨겨져 있다.

- 스페르베르 호의 선원들과 물건들, 그리고 대포들은 지금 어디에 있는가?
- 조선의 왕도인 한양에서 얼마나 살았고, 거기서 무엇을 하였는가? 조선 왕은 당신들이 살아갈 수 있도록 무엇을 주었는가?
- 조선인의 무기와 전쟁 도구는 어떠한가?
- 조선에는 성이나 다른 방어 시설들이 있는가?
- 바다에는 어떤 종류의 전함이 있는가?
- 승려들은 많은가? 그들은 삭발을 어떻게 하고 옷을 어떻게 입었는가?
- 말과 소들은 많이 있는가?
- 무역하기 위해 조선에 온 외국인들이 있는가? 만약 있다면 그들의 교역 장소는 어디인가?
- 은광이나 다른 채광 장소가 있는가?
- 그들은 인삼을 어떻게 찾아내며 그것으로 무엇을 하고 어디로 운반하는가?
- 배는 어떻게 구했으며 그 배 이외에 다른 배를 가진 적은 없었나?

질문을 보면 그 사람의 의도와 실력을 알 수 있다. 기자회견장의 언론인들, 학교 수업 시간의 학생들, 투자설명회에서 프레젠테이션을 듣는 투자자들, 보고서를 읽는 임원들…. 그들이 던지는 질문 속에 관심사나 이해도, 진짜 목적이 숨겨져 있다. 나가사키 부교가 던진 질문을 살펴보면 하멜 일행의 신상정보 등 객관적 자료수집이 1차 목적이었겠지만, 그게 전부는 아니다. 혹시 거짓으로 답하는 것은 없는지, 빠뜨린 것은 없는지 세밀하게 비교해보고 있음을 알 수 있다. 특히 조선의 국방과 경제, 산업 전반에 관해 질문이 집중되었다.

일본이 진짜로 원하는 것은 이웃 국가 조선에 관한 양질의 정보였다. 여기서 말하는 정보란 단순 정보를 의미하는 information 개념이 아닌, 특정 목적을 위해 자료를 수집하고 분석·평가하여 가공한 지식을 말하며 영어로는 intelligence라 구분해 표기한다. 정보기관들이 사용하는 개념이다. 리더가 의사결정을 할 때 정확하게 평가하고 앞으로 나아갈 방향을 설정하는 데 중요한 요소다.

나가사키 부교의 심문내용을 보면 하멜 일행을 통해 조선의 국방 및 산업 기밀을 빼내고자 했음이 선명하게 드러난다. 결과적으로 일본은 두 번의 심문으로 하멜 일행의 출신과 행적 등 개인정보는 물론이고 조선의 지리, 산업, 농업, 군사, 해양, 교통, 왕실, 생활, 행정 시스템 등 빼낼 수 있는 거의 모든 정보를 얻어냈다. 난파 과정에서 드러난 조선의 잘못도 파악하게 된다.

상대적으로 조선은 13년 넘게 하멜 일행을 억류하고 있으면서도 이들의 출신지에 대한 정확한 정보조차 없이 남만인南蠻人이라 부를 뿐이었다. 일본도 서구와 접촉 초기에는 포르투갈과 스페인 사람들을 가리켜 '난반진'南蠻人이라 호칭했다. 조선은 하멜이 탈출한 뒤 일본이 외교문서를 통해 항의해 왔을 때, 그제야 비로소 이들이 아란타阿蘭陀 출신임을 알게 되었다. 아란타는 홀란드, 즉 네덜란드를 뜻한다. 임진왜란 이후 수세에 몰렸던 일본의 대조선 외교는 이 무렵부터 공세로 돌아선다. 조선의 약점을 간파한 것이다. 일본은 집요하게 디테일을 파고들다가 원래의 목적을 쟁취해내는 전략을 펼쳤다.

일본은 오래전부터 서구와 접촉이 많았다. 포르투갈, 스페인, 네덜란드 같은 유럽 나라들과 교류하면서 세계의 흐름과 서양의 협상 방식에 눈을 떴다. 동양적인 명분 싸움과 언어 공세만으로는 한계가 있다는 것을 깨달았다. 협상에서 우위를 점하기 위해서는 확실한 근거자료와 데이터에 기초해야 한다는 점을 터득했다. 하멜 처리 문제에서도 조선은 일본에 한참 밀려 있었다. 물론 경험의 격차에서 오는 결과일 수 있지만, 외국인을 대하는 매뉴얼 및 시스템의 축적 여부와 무관하지 않다. 무엇보다 정보를 대하는 지도층의 자세는 달라도 너무 달랐다.

오래전 한국에 장기간 주재했던 일본 주재원이 꼬집은 적이 있다. 한국인은 정보와 스파이 업무를 담당하는 데 어울리지 않는 성격과 성향을 지닌 것 같다는 지적이었다. 솔직하게 속마음을 털어놓는 태도는 개인적인 매력은 될 수 있을지언정 대외관계와 업무에서까지 그러는 것이야말로 지나치게 순진한 생각이라는 의미였다. 모든 것을 다 털어놓고 까발려야 인간적이라 여기는 풍토에 대한 다른 시각이었다.

정보의 개념, 정보의 질, 정보를 다루는 법 역시 일본은 한국과 큰 차이를 보였다. 일본 리더들의 정보에 대한 욕망은 그 뿌리가 깊다. 그들에게 정보는 선택이 아니라 필수요소였다. 15세기 중엽부터 시작된 전국시대와 내란을 거치면서 일본은 일찍이 정보의 중요성을 체득했다. 정보수집과 정보 활용 능력은 군사력과 더불어 지도자의 기본 자질에 속했다.

오다 노부가나, 도요토미 히데요시, 도쿠가와 이에야스가 전국시대를 끝내고 천하통일을 이루는 과정은 뛰어난 군사력뿐 아니라 주도면밀한 정보수집 활동의 성과였다. 특히 1567년 이나바야마 성 전투에서 오다 노부나가가 사이토 다쓰오키에게 승리를 거둔 것과 도쿠가와 이에야스의 동군이 1600년 세키가하라 전투에서 이시다 미쓰나리와 고니시 유키나가의 서군에 이길 수 있었던 것은 적진의 내통자로부터 기밀 정보를 빼낸 덕분이다. 정보본능이 예민하지 않고서는 위기의 시대에 살아남기란 애당초 불가능하다.

일본 최고지도자의 대외 정보 욕망이 얼마나 강한지 알 수 있는 매우 좋은 사례가 〈오란다 풍설서〉다. 1640년 일본 막부는 서양 국가들 가운데 유일하게 네덜란드에 배타적 교역 독점권을 허용한다. 네덜란드에 대해 정기 입항을 허가하는 조건으로 일본은 매우 독특한 보상을 요구했다. 바타비아에 있는 VOC가 수집한 해외정보를 공유해 달라는 것이었다. 동인도회사는 세계 최초의 글로벌 기업이면서 어떤 의미에서는 그 자체로 당대 최고의 정보수집기관이기도 했다. VOC는 군사, 경제, 통상, 해양, 문화 등 전방위적으로 세상에 관한 정보를 가장 먼저 알고 또 수집하고 있었다.

《일본문명의 77가지 열쇠》를 쓴 모리야 다케시 교수에 따르면, 막부는 무역으로 서양의 물품을 구하려 노력하는 것 이상으로 정보를 얻기 위해 애썼다고 한다. 일본은 유럽 해양 세력을 대표하는 네덜란드를 통한 간접 해외정보 수집이 목적이었다. 그렇게 하여 탄생한 문건이 〈오란다 풍설서オランダ風説書〉다. 오란다는 홀란드Holand를 의미하는 포르투갈어에서 파생한 일본어로 네덜란드를 의미하고, 풍설서는 해외 첩보 및 동향 보고서를 뜻한다. 1641년 첫 번째 〈오란다 풍설서〉가 도착했다. 바타비아에서 온 선박이 나가사키 항에 도착한 뒤 데지마의 네덜란드 상관장이 기록한 문건을 일본 측에 제출하면 일본인 통사가 이를 일본어로 번역해 나가사키 부교에 전달한다. 나가사키 부교는

이 문서를 〈오란다 풍설서〉라는 제목을 달아 최고 권력자 쇼군이 있는 막부에 보고했다.

　초기 〈오란다 풍설서〉의 주안점은 가톨릭 국가인 포르투갈과 스페인 동향이었다. 일본 내 종교 포교가 정치문제로 비화하는 것을 우려했기 때문이다. 시간이 흐르면서 점차 다른 유럽 국가와 청나라, 그리고 인도 및 아시아 관련 정보도 포함되었다. 데지마의 VOC 상관장은 일년에 한 번씩 막부가 위치한 에도를 방문해 해외 동향과 국제정세를 설명해야 했다. 네덜란드 상관장이 막부에 제공한 정보 가운데는 1853년 미국의 페리 제독이 일본에 올 것이라는 사실을 미리 알려준 1852년의 '풍설서'가 매우 유명하다. 이처럼 일본의 리더들에게 정보와 지식은 힘이고 돈이며 생명이었다.

　하멜은 VOC의 직원이었다. 그 말은 정보의 기초개념을 교육받았다는 뜻이다. 동인도회사는 세계 최초로 글로벌 경영을 하던 조직이고, 이를 위해서는 현지 동향 파악이 매우 중요했다. 하멜은 누구로부터 무엇을 듣고, 어떻게 관찰하며, 어떤 방식으로 기록해야 하는지 잘 이해하던 사람이었다. 하멜은 일본인들이 질문을 통해 알고자 하는 것들의 깊은 의미를 흥미로운 눈길로 바라보고 있었다.

예수회의 정보수집과
이건희 회장

16세기와 17세기에 걸쳐 일본에는 일본인보다 더 막강한 정보조직이 있었다. 그 주인공은 뜻밖에도 가톨릭 선교조직 예수회였다. 도쿄대학교 하네다 마사시 교수는 《바다에서 본 역사》에서 중국 명나라와 조선, 그리고 예수회 3자를 비교한다면, 정보수집과 정보분석 능력에 있어서 가톨릭 선교조직인 예수회가 가장 우수했다고 평가한다. '양질의 정보원情報員'을 확보한 것이 비결인데, 예를 들어 일본 최고 권력자 도요토미 히데요시의 우필右筆마저 유력한 정보원으로 확보했을 정도다. '우필'이란 도요토미의 문서를 대필하는 직위에 있는 사람을 말한다. 당연히 그를 경유하는 문서는 국정의 가장 예민한 것들일 수밖에 없었다.

그처럼 중요한 위치에 있는 사람까지 포섭할 정도로 예수회의 휴먼 네트워크는 막강했다. 여러 가지 기초 자료를 수집한 뒤 이를 체계화하고, 정제된 정보로 생산해내는 종합분석 능력도 예수회가 압도적으로 뛰어났다는 평가다. 예수회는 로욜라가 파리 대학에서 만난 여섯 명의 동지들과 1534년 몽마르트르 언덕에서 결성한 가톨릭 선교조직으로, 1549년 예수회의 지도자 가운데 한 명인 프란시스코 하비에르가 규슈지방에 도착하면서 일본과의 인연이 시작된다.

예수회의 탁월한 정보수집력은 한반도와도 관련이 있다. 1990년대 어느 날 삼성경제연구소 임원들은 이건희 삼성그룹 회장으로부터 이례적인 연구과제를 지시받고 몹시 당황했다. 평소 경제연구소에 직접 과제를 내주는 스타일이 아니었기에 더 긴장하지 않을 수 없었다. 주문받은 연구과제란 바로 이것이었다.

"임진왜란 직전의 조선과 일본의 GDP를 비교조사 연구해 보세요!"

우선 임진왜란이 발생했던 1592년 당시의 GDP 산출 방식과 근거를 어떻게 잡아야 할지, 기술적인 접근이 쉽지 않았다. 하지만 그보다 더 힘들었던 것은 과제를 내준 회장의 의도 파악이었다. 며칠 동안 회의를 거듭하던 삼성경제연구소 관계자들은 회장의 의도 파악을 보류한 채 조사에 돌입할 수밖에 없었다. 두 나라의 호적에 등재된 인구수 및 세금으로 거둬들인 쌀과 곡식 등의 통계를 수집한 뒤 이를 근거자료로 삼아 어렵사리 연구를 진행하던 어느 날, 연구자들은 무릎을 쳤다고 한다.

"임진왜란을 일으킬 무렵 조선은 군사력뿐만 아니라 인프라와 경제 전반에 걸쳐 이미 일본에 압도당하고 있었다는 가설을 마음속에 갖고 있어서 그것을 객관적인 데이터로 입증해보려고 우리에게 과제를 주었던 것은 아닐까 하는 생각이 들었습니다.”

　20여 년 전 삼성경제연구소 고위 관계자에게 들었던 일화다. 결과적으로 이 연구과제는 1993년 독일 프랑크푸르트에서 열린 임원 회의에서 “마누라와 자식 빼고 다 바꾸라”는 이건희 회장의 ‘신경영’ 선언과 맞물리게 된다. 소니 등으로 대표되는 일본기업을 꺾고 전자산업과 반도체 분야에서 1위에 올라서겠다는 최고경영자로서 야심이었다.

　그때 연구에 도움이 되었던 한 권의 책이 있었다. 루이스 프로이스Luís Fróis의 《일본사HISTORIA DE JAPAM》 12권짜리로, 당시는 아직 한국어로 번역되지 않았을 때다. 프로이스는 1532년 포르투갈의 수도 리스본에서 태어나 열여섯 살의 나이에 예수회 회원이 되었고, 인도로 가서 교육을 받은 뒤 사제 서품을 받았다. 프로이스가 일본에 처음 도착한 것은 16세기 중반인 1563년이었으니 하멜이 제주도에 도착한 것보다 정확히 100년 전의 일이다.

　프로이스는 1597년 나가사키에서 사망할 때까지 대부분을 가톨릭 사제로서 일본에서 보냈다. 그는 풍운이 몰아치던 일본의 정치 상황을 직접 목격하고 일일이 기록했다. 뛰어난 일본어 실력으로 오다 노부가나와 도요토미 히데요시를 직접 회견했던 매우 드문 서양인이었다. 오다 노부가나는 모두 31회에 걸쳐 가톨

포르투갈 출신 사제 루이스 프로이스와 나가사키에 있는 그의 기념비.
프로이스는 1563년 일본 도착 이후 탁월한 일본어 실력을 무기로 오다 노부나가, 도요토미 히데요시 등을 직접 회견하였으며, 히데요시의 우필을 정보원으로 확보할 정도로 뛰어난 정보력을 보였다. 그가 쓴 《일본사》에는 임진왜란의 이면이 상세히 서술되어 있다.

P. LUIS FROIS S. J.

Lisboa 1532 – Nagasaki 1597

ESCREVEU A HISTORIA DO ENCONTRO

ENTRE PORTUGAL E O JAPÃO

P. ルイス・フロイス

1532－1597

日本とポルトガル その出会いの

歴史を ここ長崎の地で書いた。

릭 신부들을 만났을 정도로 예수회와 각별한 관계를 유지했다. 여기에는 일본의 현지 상황을 존중하면서 포교해 나가야 한다는 예수회 순찰사 알레산드로 발리냐노의 '적응주의' 선교 정책 Jesuit Accommodation이 큰 역할을 했다. 그는 천부적인 전략가로 일본 현지와 예수회 본부 사이에 오가는 비밀 편지와 보고서의 패턴 및 형식을 바꿔놓았다. 발리냐노는 일본의 덴쇼 소년사절단을 이끌고 로마로 갔을 뿐 아니라 오다 노부나가와 도요토미 히데요시, 도쿠가와 이에야스 치세에 각각 일본에 체류하면서 귀중한 기록을 남겼다.

이처럼 발리냐노의 현지화 전략에 프로이스의 탁월한 현지 네트워크가 합해지면서 일본에서 예수회의 정보 능력은 압도적인 수준에 오른다. 앞서 하네다 마사시 교수가 언급한 도요토미 히데요시의 우필右筆을 정보원으로 확보한 사람이 바로 프로이스 신부였다. 순찰사 발리냐노가 일본 최고지도자를 만날 때 옆에서 배석하며 통역한 사람도 프로이스였다. 특히 도요토미 히데요시가 임진왜란을 계획하고 준비하고 지시하며, 명나라와 강화 협상을 하는 과정을 가까운 거리에서 지켜본 것은 큰 의미를 지닌다.

그는 1583년 예수회의 명령으로 선교의 일선을 떠나 일본 내 예수회의 활동사를 기록으로 남기는 일에 전념하게 되는데 그 기록이 《일본사》라 불리게 된다. 프로이스의 기록 가운데 임진왜란 부분만 발췌해 한국에서 따로 펴낸 책이 《임진난의 기록, 루이스 프로이스가 본 임진왜란》이다. 프로이스의 기록을 두고 자료의 편향성에 대해 지적하는 목소리가 없는 것은 아니지만 임진왜란을 일본이나 조선이 아닌 예수회라는 제3자의 눈으로 바라본다는 측면에서 각별한 의미를 지닌다.

프로이스의 분석에 따르면, 관백關白은 일본의 각 영주들이 변덕이 심하고 반란을 꿈꾸기 때문에 이들을 위무하고 상황이 정리되면 중국 정복 과업에 지역 영주들을 동원할 계획을 오래전부터 갖고 있었다고 한다. 관백關白은 일본어로 '간바쿠'라 부르며 도요토미 히데요시를 지칭한다. 이 분석을 보면 평소 의심이 많은 도요토미가 일본 천하를 통일한 뒤에도 반역을 의심하고 두려워해 주요 영주와 제후, 장군들을 조선과 중국 전장으로 몰아넣었다고 해석한 것이다.

프로이스 신부의 또 다른 정보원으로는 아고스티뉴의 보고서와 가톨릭 신자들이 있었다. 아고스티뉴란 선봉대로 조선에 왔던 고니시 유키나가小西行長를 의미한다. 그는 아우구스티누스라는 세례명을 받은 가톨릭교도였고, 독실한 불교도인 가토 기요마사加藤淸正와 숙명의 라이벌 관계였다. 고니시 유키나가는 현재 규슈지방의 구마모토현에 속하는 히고국肥後國을 다스리고 있었다. 그의 휘하에 있던 장군들은 모두 시모下 지방의 가톨릭교도들이었는데, 그들 중 아리마 하루노부라는 장군이 무기와 장비 마련에 이르기까지 가장 정확하고도 주도면밀한 준비를 했다고 기록하고 있다.

프로이스는 조선을 시종일관 '코라이Coray'로 표기하고 있다. 이 책에서 프로이스는 조선에 파견된 그레고리오 데 세스페데스가 보내온 두 통의 편지도 소개하고 있다. 세스페데스는 스페인 출신으로 고니시 유키나가의 요청으로 일본인 수사 한칸 리앙과 함께 1593년 12월 27일 한반도에 들어와 지금의 진해 부근에서 1년 반 종군 신부로 활동했다. 세스페데스는 하멜보다 60년 먼저 한반도에 와서 활동한 셈이다.

프로이스는 《일본사》 이외에 예수회와 일본에 파견된 신부들 사이에 오간 편지를 묶은 《일본 연례 서간문집》도 냈다. 그의 집필 방식은 예수회 서간문에서 하나의 모델로 평가될 정도로 문서 소통의 혁신을 이뤘다. 당시 가톨릭의 보고서를 보면 일본 권력의 심층부에서 일어나는 일까지 매우 구체적이고 정확하게 파악하고 있었다. 세상을 바라보는 예리한 눈과 투철한 기록 정신, 이를 보고서로 남긴 필력은 현대의 외교관이나 상사 주재원, 특파원, 혹은 정보기관원 못지않다. 프로이스는 정유재란이 한창이던 1597년 65세의 나이로 사망했다. 도요토미 히데요시의 죽음으로 일본군이 퇴각한 것은 다음 해인 1598년, 그리고 명나라의 주력군대가 한반도에서 물러난 것은 1599년의 일이다.

예수회의 일본 연구는 정치 권력뿐 아니라 어학, 역사, 지리,

문학 등에 이르기까지 광범위하고도 정교하게 진행되었다. 예수회 선교사가 일본어 습득을 위해 쓴 《일포사서日葡辭書》 본편은 1603~1604년에 이미 간행되었는데 약 3만 2,800개의 일본어를 수집해 포르투갈어로 주석을 붙이고 용법과 관련어 등을 작성해뒀다. 1604~1608년에는 포르투갈 출신 예수회 신부 주앙 쭈주 로드리게스가 편찬한 《로드리게스 일본대문전》이 발간되었다. 그는 1577년 열여섯 살 나이에 일본에 건너와 일본어를 익혔고, 예수회 순찰사가 일본 최고 권력자를 만날 때도 배석했다. 두 개의 사전류는 유럽인의 관점에서 일본어를 정리한 최초의 책이다. 로드리게스 신부 이름 앞에 들어있는 '쭈주'란 일본어 '쓰지通事'에서 나온 말로, '통역관'이란 뜻이다.

이렇듯 일본에 관한 정보의 질과 양은 예수회가 다른 어느 경쟁자보다 압도적이었다. 다만 일본에서 16세기 후반이 예수회와 포르투갈의 독무대였다면, 17세기로 접어들면서 하멜의 나라 네덜란드와 VOA로 힘의 중심이 급격히 이동한다. 말을 바꾸면 가톨릭 문화권에서 개신교 문화권으로 세력 교체를 의미한다.

《하멜표류기》를 쓴 진짜 이유는?

이즈음에서 분명히 해두어야 할 것이 있다. 《하멜표류기》는 여행기가 아니다. 더더욱 일반인들에게 읽히려는 목적으로 쓴 책도 아니었다.

그럼 무슨 목적으로 쓴 글인가? 동인도회사에 제출하기 위한 보고서로, 하멜과 동료들이 탔던 선박의 해난사고 경위와 행적 그리고 조난지인 조선의 지역 정보가 두루 포함되어 있었다. 다른 한편으로는 조선에 강제로 억류되었던 13년 28일간의 밀린 임금을 요구하기 위한 근거자료이기도 했다. 코로나-19 시대로 비유하자면 일종의 재난지원기금을 받기 위한 증빙 자료였다.

여수에서 탈출해 데지마 섬에 남게 된 일행은 모두 8명, 그런데 왜 하멜이 쓰게 되었을까? 그는 글을 쓸 줄 알았고 선상에서 담당 업무가 서기였다. 여기서 말하는 서기는 물품 출납을 관리하고 매일 업무일지를 쓰던 사람으로 회계와 총무, 서기 업무 등

여수 하멜 전시관에 있는 하멜 보고서의 사본.
원본은 헤이그의 국립문서보관소가 소장하고 있으며, 이 사본은 여수 엑스포 때 네덜란드가 기증한 것이다.

을 두루 담당했다는 뜻이다. 직책은 서기였지만, 불행했던 난파선에서 살아남은 뒤 하멜은 실질적인 리더 역할을 해왔다. 그런 그가 잃어버린 시간과 명예, 봉급을 회복하기 위해 일행을 대표해 보고서를 작성하게 되었다.

《하멜표류기》에서는 화려한 문장력이나 기교를 찾아볼 수 없다. 담백한 사실관계 위주로 자신들이 겪은 사건을 서술할 뿐이다. 숫자와 고유명사 같은 객관적인 팩트를 주관적인 소견이나 판단과 확실하게 구별하고 있다. 사실과 견해의 분명한 구분은 보고서의 근간이다. 그의 책을 읽다 보면 상세한 심리묘사나 상황설명이 부족해 아쉽기는 하지만, 책의 목적이 대중을 향한 것이 아니라 회사 제출용이었으므로 어쩔 수가 없다. 게다가 그는 글을 전문적으로 쓰는 작가나 학식이 깊은 학자도 아니었다. 단지 글을 아는 관리자급 선원이었을 뿐이다.

하멜이 데지마에서 직접 손으로 쓴 《하멜표류기》 원본은 네덜란드 헤이그에 있는 국립문서보관소Nationaal Archief가 소장 중이다. 여수 엑스포 때 네덜란드가 기증한 복사본이 여수 하멜 전시관에도 있는데, 섬세하고 우아한 필치로 미루어 하멜의 꼼꼼한 성격을 가늠할 수 있다. 영어나 프랑스어 중역이 아니라 17세기 네덜란드어로 기록된 하멜의 필사본을 번역한 네덜란드어 전문 번역자 유동익에 따르면, 이 보고서에는 '네덜란드령 인도 총독 요안 마에츠싸이거크Joan Maetsuijker와 평의회에 바침'이라고 보고 대상이 분명히 적시되어 있다. 우리는 《하멜표류기》로 기억하고 있지만, 하멜 보고서의 원제목은 매우 길다.

《야흐트 데 스뻬르베르Jacht de Sperwer 호의 생존한 장교와 선원들이 1653년 8월 16일 꾸웰빠르츠 섬(제주도)에 난파되어 1666년 9월 14일 그들 중 8명이 야빤(일본)의 낭가삭께이(나가사키)로 탈출하기까지 겪은 일 및 꼬레이(조선) 왕국의 풍습과 위치 등에 관한 보고서》.

하멜 당시의 발음은 지금 네덜란드어와 큰 차이가 있다고 한다. 하멜도 네덜란드에서는 '하멀'이라고 발음한다. 그러나 이 책에서는 독자들에게 익숙한 발음인 하멜, 스페르베르, 퀠파르츠 등으로 표기하기로 한다. 하멜이 기록한 그 긴 이름의 보고서를 줄여서 서양인들은 '저널'이라 불렀다. 저널이 뭔가? 기자를 의미하는 저널리스트, 언론학을 말하는 저널리즘 때문에 신문과 방송 등 언론을 연상한다. 〈월스트리트 저널〉 등 많은 서양 신문들의 이름에도 저널은 들어가고, 흔히 일보日報라고도 번역된다. 저널이란 단어가 지닌 의미는 그것이 전부는 아니어서 학술지, 학회지, 관보 등도 저널이며 일기와 일지도 저널이라 부른다.

　움베르토 에코의 말처럼 우리는 일기를 잃어버린 시대를 살아가고 있지만, 하멜은 일기와 일지의 전성 시절에 살았다. 일기를 의미하는 영어단어 'journal'의 어원은 프랑스어 'jour', 즉 '하루'를 의미한다. 하멜의 글은 일종의 업무기록이라 할 수 있다. 때문에 '하멜 일지', '하멜 보고서'라는 표현이 더 정확하다. 《하멜표류기》라는 이름은 사학자 이병도가 일제 강점기에 처음 소개할 때 지은 것이며, 이후 한국에서는 그 이름으로 불리게 되었다.

리더는 가장 나중에 배를 탄다

하멜이 나가사키에 도착한 것은 1666년 9월 13일, 그리고 마침내 그곳을 떠난 것은 1667년 10월 22일이었다. 1년 40일 동안은 창살 없는 감옥 생활과 같았다. 인공섬 데지마에서 작은 다리를 건너면 바로 눈앞에 번성한 도시 나가사키가 보였지만 그림의 떡이었다. 심지어 나가사키를 떠나기 전날까지도 일본 측은 출항 허가를 내주지 않다가 출항 직전에야 승선 허가를 하는 등 일부러 골탕을 먹이기까지 했다. 그가 동료들과 함께 바타비아로 떠난 10월 22일의 데지마 상관商館 일지에도 신임 나가사키 부교가 여러 날 전에 부임했음에도 불구하고 배가 떠나는 당일 아침에서야 하멜 일행의 승선을 허가했다고 불쾌한 감정을 토로하고 있다.

나가사키에서 스프리우프 호에 오른 하멜은 47일간의 긴 항해 끝에 1667년 11월 28일 바타비아에 도착했다. 이곳에서 대만으로 떠났다가 제주도에서 난파 사고를 당했으니, 14년 몇 개월 만의 재방문 감회가 남달랐으리라. 하멜은 VOC 본부의 평의회에 참석해 데지마에서 기록한 보고서를 제출하고, 배가 난파한 후 조선에서 보내야 했던 13년 동안 밀린 월급을 지급해달라고 요청했다. 이들의 딱한 입장을 고려해달라는 데지마 상관장의 서한도 함께 챙겨갔다.

회사 측의 반응은 냉담했다. 선박이 실종되거나 사고가 나면 승무원의 급료도 중단되며 다만 실종상태에서 벗어나 나가사키에 모습을 드러낸 날부터 계산해 지급할 수 있다는 규정을 들이댔다. 회사와 다툼을 하는 사이 동료들 7명은 먼저 본국으로 떠나고 하멜은 바타비아에 혼자 남았다. 먼저 귀국한 7명의 동료는 암스테르담 본사에 가서 항변했지만 돌아온 반응은 같았다. 1년의 급료에 1년의 위로금을 얹어 모두 2년에 해당하는 급료 지급 결정이 내려졌다.

바타비아에 남은 하멜에게는 처리해야 할 또 하나의 중요한 일이 있었다. 아직 조선에 남아있는 동료들의 송환 문제 마무리였다. 동인도회사와 일본, 그리고 일본과 조선 사이의 지루한 외교협상 끝에 조선에 남아있던 다른 동료 7명이 마침내 석방되었다. 하멜이 탈출한 지 2년 반 만에 나머지 동료들도 모두 풀려난 것이다. 하멜이 그들과 바타비아에서 극적으로 해후한 것은 1669년 4월 8일이었다.

하멜은 1670년 2차 석방 그룹 7명을 이끌고 마침내 고국에 도

네덜란드 동인도회사의 바타비아 기지.
바타비아는 VOC가 지금의 자카르타에 건설한 아시아 무역기지. 아시아와 유럽의 장거리 향료 무역뿐 아니라 아시아 지역 내의 물건을 사고파는 역내무역도 활발하게 주도했다. 18세기 런던에서 출판된 여행서에 수록된 그림이다.

착한다. 조선에서 빠져나온 2차 그룹을 기다리느라 그토록 간절했던 귀국마저 미루었다. 하멜의 리더십은 1975년 월남주재 마지막 미국대사였던 그래험 마틴의 행동을 연상케 한다. 마틴 대사는 월맹군과 베트콩이 미국대사관 근처로 포위망을 좁혀올 때까지 다른 사람들을 철수시키는 작업을 진두지휘한 뒤 가장 마지막에 미군 헬리콥터에 탑승한 사람이다.

사이먼 사이넥이 쓴 리더십 책《리더는 마지막에 먹는다*Leaders eat Last*》에 따르면, 어떤 도전이나 폭풍우를 만나도 이겨낼 수 있는 특출한 조직에는 일정한 패턴이 존재한다. 리더가 기꺼이 희생을 감수하면서 조직원들의 보호막을 쳐주면, 그 아래에서 조직원들은 서로를 지켜주는 문화를 갖게 된다. 가치 공유와 깊은 공감을 통해 생긴 소속감이 신뢰와 협력, 한계를 뛰어넘는 문제 해결 능력을 극적으로 상승시킨다는 내용이다.

하멜은 먼저 나온 동료들을 귀국시킨 뒤 조선에 남겨진 동료들을 구출하기 위해 노력했다. 마침내 풀려난 그들을 바티비아에서 맞이했고, 동료들이 모두 귀국행 배에 오르는 것을 본 뒤에야 가장 나중에 승선했다.

그렇다. 누구나 리더십을 말하지만, 리더란 직함이나 지위가 아니라 행동이다. 사이먼 사이넥의 책 제목을 패러디하자면 리더는 가장 나중에 배에 오른다. 그 리더가 하멜이었다.

'적자생존'의 작가

하멜이 바타비아 체류를 끝낸 후 조선에 잔류하고 있던 나머지 인원들과 함께 2차 귀국자의 신분으로 귀국한 것은 1670년이었다. 고향 땅을 떠난 지 정확히 20년 만의 귀국이었다. 부푼 꿈을 안고 집을 떠난 스무 살 청년은 어느새 마흔 살 중년이 되어있었다. 문학으로 표현하면 '성장소설Bildungsroman'과 같은 이야기다.

1670년 8월 29일, 하멜은 동료 두 명과 함께 암스테르담에 있는 동인도회사 본사에 들어가 이사진과 면담을 했다. 조선 땅에 억류된 세월 동안 밀린 봉급을 제대로 받아야 하는 이유에 대해 상세한 소명 자료를 들이대며 항변을 했다. 자신이 직접 기록한 조선에서의 일지가 가장 중요한 증거자료였다. 긴 심의 끝에 VOC 본사에서는 마침내 결정을 내린다. 식민지 문서국 256번 VOC 결의안에 따르면, 2차 석방자들이 조선에 억류되었던 기간인 15년을 기준으로 봉급을 지급하라는 내용이었다. 1차 귀국자들의 2년치 봉급 지급 판정에 비하면 무려 7.5배나 많은 액수다. 무엇이 그 차이를 만들었을까?

여론은 이미 하멜의 편이었다. 하멜 일지가 결정적인 역할을 했다. 하멜이 바타비아에서 아직 조선에 남아있는 동료들의 석방을 위한 실무 교섭에 매달리는 사이, 그가 데지마에서 기록했던 조선에서의 체험담은 이미 화제의 책이 되어있었다.

어떻게 된 얘기인가? 보고서를 동인도회사에 제출하기 전 하멜은 만약을 대비해 필사본을 한 권 더 만들어 1차 귀국자 편에 보냈다. 바로 그 필사본이 출판계로 흘러 들어갔던 것 같다. 1668년 암스테르담과 로테르담에서 경쟁적으로 하멜 일지를 펴냈고, 이듬해에는 암스테르담의 또 다른 출판사에서 새로운 판본으로 출간했다.

암스테르담은 당시 유럽 출판과 학술 문화의 중심지였다. 16세기 초반 출판의 도시는 베네치아로, 유럽에서 출간된 전체 책의 절반가량이 이 도시에서 인쇄되었다고 한다. 하지만 100년 뒤인 17세기에는 그 중심이 암스테르담으로 넘어왔다. 새로운 학문을 신속하게 받아들이고 응용하려는 상업 정신과 지적 호기심 넘치는 출판업자들이 만나면서 암스테르담은 세계적인 출판도시로 자리 잡았다. 암스테르담에만 400여 개의 서점이 문을 열었고, 출판업자 수는 100명 이상이었으며, 출판된 전 세계 도서의 약 30%를 이 도시에서 찍어낼 정도였다고 한다.

네덜란드에서 하멜의 책이 화제를 불러 모으자 프랑스와 독일, 영국 순서로 순식간에 번역본이 나왔다. 선정적인 제목에다 하멜이 하지 않은 이야기와 엉뚱한 삽화까지 첨가되기도 했다. 서구사회에서 미지의 나라 조선에 대한 호기심이 급속하게 높아진 건 당연했다. 과연 누가 하멜의 기록 사본을 출판사에 넘겼을까? 1차 귀국자가 돈을 노리고 했을까? 동인도회사 간부 가운데 누군가가 빼돌렸을까? 아니면 하멜이 먼저 귀국한 동료들을 시켜서 사본을 출판사에 넘겼던 것일까?

정확한 사실은 알 수 없지만, 한 가지는 분명하다. 그것은 적자생존의 힘이다. 원래의 적자생존適者生存이란 영어로 'Survival of the fittest' 즉 강한 자가 살아남는 게 아니라 적응 잘하는 자가 살아남는다는 의미이다. 영국 철학자 허버트 스펜서가 인간들 간 사회적 생존경쟁의 원리를 설명하기 위해 처음 사용했으며 생물학자 찰스 다윈의 이론을 통해 더 유명해졌다. 하멜은 물론 다양한 환경에서 놀라운 적응력을 보였고, 결국 살아남았다.

하멜은 또 다른 의미에서도 적자생존의 인간이었다. 즉 '적는 자가 생존하고 존중을 받는다'는 문장에서 앞글자만 모은 신조어다. 기록의 힘은 그토록 막강했다.

하멜의 20년 여정

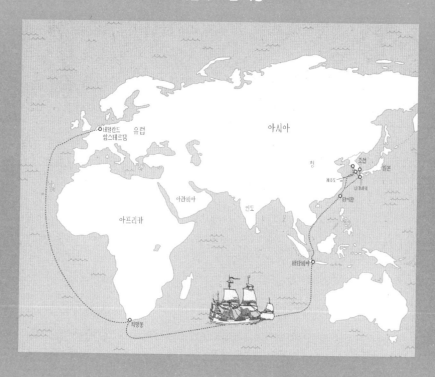

네덜란드 텍설 섬을 떠나 바타비아와 대만을 거쳐 조선에 왔던 하멜은 나가사키에 1년 이상 억류되었다. 그리고 나가사키와 바타비아를 거쳐 아직 조선에 있던 나머지 동료들을 이끌고 마침내 암스테르담으로 돌아갔다. 고향을 떠난 지 20년 만이며 그 시간은 오디세우스의 귀향 시간과 같다.

2장

황금시대의 아들

"부자가 되는 것이 모두의 꿈이었다."

17세기 초반 암스테르담의 분위기를 재치 있게 요약한 19세기 네덜란드 역사가 로버트 프루인의 말처럼, 많은 이들이 먼바다로 항해하는 배에 기꺼이 몸을 실었다. 먹고 살기 위해, 가족을 부양하기 위해, 개척정신이나 혹은 그저 새로운 땅에 대한 호기심을 충족시키기 위해 고향을 떠났다.

하멜이 배를 탔던 1650년대에는 10년마다 4만 명 넘는 사람들이 네덜란드를 떠나 먼 곳으로 나갔다. 1595년부터 1795년까지 200년 동안 네덜란드에서 아시아를 향해 떠나는 배에 탑승한 사람의 숫자가 100만 명에 이른다는 통계가 있을 정도다. 17세기 네덜란드 인구가 약 200만 정도로 추산되니 얼마나 많은 이들이 동인도회사를 통해 해외에 도전했는지 짐작할 수 있다.

네덜란드는 아시아뿐 아니라 신대륙으로도 향했다. 뉴욕 맨해튼을 먼저 점령한 것도 영국이 아니라 네덜란드 사람들이었다. 그들은 그 땅을 새로운 암스테르담Nieuw Amsterdam이라 불렀다. 월스트리트라는 이름도 원래는 발스트라트Wall straat라는 네덜란드어에서 유래한 것이다. 해외 진출 규모가 커지자 네덜란드는 신대륙 개척을 담당하는 회사는 서인도회사, 아시아의 구대륙을 담당하는 회사는 동인도회사로 분리했다.

그 시대를 가리켜 역사가들은 '네덜란드 황금의 시대Dutch Golden Age'라고 부른다. 네덜란드 역사상 국력이 가장 번창한 시기로 경제와 문화, 과학, 학문 등 다양한 분야에서 세계를 선도하던 시절이었다. 렘브란트, 페르미어Vermeer, 할스, 스테인Steen 같은 위대한 화가들이 이 시기를 빛냈고 근대 자연법의 창시자이자 국제법의 아버지로 널리 알려진 휴고 그로티우스처럼 뛰어난 학자들이 대거 활약했다.

불과 얼마 전까지 네덜란드는 스페인의 통치를 받고 있었다. 찰스 만의 명저 《1493》에 따르면, 스페인은 네덜란드 주둔군에 지급할 돈이 없어 늘 허덕였고 1572년~1607년 사이에 무려 45차례나 병사들이 폭동을 일으켰다고 한다. 그런 혼란을 틈타 네덜란드가 독립을 선언하고 스페인과 오랜 전쟁을 벌이면서 17세기를 맞는다.

1602년에 네덜란드 동인도회사VOC가 설립되면서 본격적인 대항해시대를 선언한다. VOC는 나라 밖의 또 다른 나라였고, 상업과 군대를 병합한 매우 독특한 조직이었다. 전성기에는 최대 5만여 명의 직원을 거느렸으며, 암스테르담과 델프트 같은 VOC 소속 회원 도시들은 무역을 통해 막대한 부를 축적하고 있었다.

암스테르담 카날 하우스에서 만난
황금의 17세기

파리의 상징은 에펠탑이고 런던의 얼굴은 빅벤이다. 이에 반해 암스테르담에는 이렇다 할 랜드마크가 없지만, 유럽에서 가장 인기 있는 도시 가운데 하나다. 팬데믹 사태가 터지기 직전인 2019년 한 해 동안 사상 최대인 2,170만 명의 방문자를 끌어들였을 정도다. 암스테르담 인구가 87만 명인 것을 고려한다면 얼마나 많은 관광객으로 붐비는지 짐작할 수 있다. 암스테르담은 베네치아, 바르셀로나와 더불어 유럽에서 오버투어리즘의 부작용에 시달리는 대표적 도시이다.

도대체 암스테르담의 매력은 어디에 있을까? 그 매력을 맛보려면 일단 거리 이름에 '흐라흐트gracht'가 들어있는 곳으로 가보는 게 좋다. 흐라흐트는 네덜란드어로 운하를 뜻하는데, 다른 도시에서 경험할 수 없는 이 도시만의 정취를 만날 수 있기 때문이다. '황제의 운하Keizersgracht' '왕자의 운하Prinsengracht' '귀족의 운하Herengracht’ 같은 운하들은 중앙역을 중심으로 암스테르담이라는 도시를 나무의 나이테처럼 반원형으로 둥글게 둘러싸고 있다. 알베르 카뮈는 소설 《전락》에서 암스테르담의 상징과도 같은 운하를 둥근 테두리인 동심원同心圓에 비유하고 있다.

혹시 동심원을 그리며 배치된 암스테르담의 운하들이 지옥의 둥근 테두리들과 흡사하다는 사실에 착안해 보셨는지요?

카뮈는 1954년 10월 암스테르담이라는 도시에 체류하는 동안 이 소설의 영감을 얻었다고 한다. 카뮈는 이 소설에서 주인공의 입을 통해 네덜란드 사람들이 흑조 떼처럼 바다 주위로, 운하를 따라, 온 세상을 쉼 없이 빙글빙글 돌아다니며, 심지어 수천 킬로 떨어진 인도네시아 자바섬으로 떠나고 없다고, 그러하기에 ‘황금과 연기로 된 꿈’이라고 적고 있다. 황금과 연기로 된 꿈은 곧 전성기 시절의 암스테르담을 말한다.

운하 옆에 우뚝 선 건물 ‘카날 하우스Canal House’에서는 대항해 시대인 황금의 17세기 네덜란드 거부들의 흔적을 확인할 수 있다. 얼핏 소박하게 보일지 몰라도 카날 하우스는 한때 세상을 움직인 거상들의 집이며 사무실로, 전성기 시대의 옛 영화가 아직도 남아있다. 암스테르담의 유명한 미술관이나 박물관 중 상당수가 예전에 카날 하우스였다. 미술관으로 개조된 렘브란트 하

암스테르담의 명소가 된 '안네 하우스'.
왕자의 운하를 마주 보는 이 카날 하우스 뒤채에 안네 프랑크 가족이 숨어 살았다. 안네는 이곳
비밀의 방에서 숨죽여 지내며 훗날 기자와 작가가 되겠다는 소망을 일기에 적어 내려갔다.

우스가 대표적이며, 헤렌흐라흐트 386번지에 있는 카날 하우스 박물관Her Grachtenhuis은 은행가 얀 빌링크의 집이었다. 이 박물관에서는 암스테르담 운하의 역사와 전설처럼 전해 내려오는 카날 하우스의 이야기를 들을 수 있다.

해양 무역으로 번성했던 도시답게 카날 하우스의 디자인은 매우 독특하다. 유심히 살펴보면 카날 하우스 건물들은 대항해시대의 네덜란드 선박처럼 위로 길게 솟은 형태로 건축되었음을 알 수 있다. 카날 하우스 대부분은 벽돌을 쌓아 지어졌고, 현관

으로 진입하기 위해서는 도로에서 7~9개 정도 짧은 계단 위를 올라가도록 설계되어 있다. 이 부분을 스툽stoep이라고 부르는데 홍수로 인한 침수를 막기 위해 고안되었다고 한다.

카날 하우스는 일반적으로 가족들이 사는 주택 공간과 업무공간, 창고 기능을 겸하였다. 무역상들은 운하와 도로 옆에 있는 1층 방을 사무실로 썼다. 뒤쪽으로 'backhouse'라 부르는 뒤채 건물을 지어서 업무공간과 분리된 가족들의 생활공간으로 사용했다. 암스테르담의 명소 '안네 하우스' 역시 이전에 카날 하우스였다. 이 건물은 왕자의 운하Prinsengracht를 마주 보고 있으며, 유대인들이 많이 살았던 '요단Jordaan' 동네 옆이다. 카날 하우스 뒤쪽에 달린 뒤채 건물에 유대인 소녀 안네 프랑크 가족이 숨어 살았고 그 백하우스의 비밀 방에서 소녀 안네는 기자와 작가가 되고 싶다는 소망을 일기에 쓰고 있었다.

카날 하우스 1층이 주로 사무실로 사용되었다면, 위층에는 진귀한 상품을 보관할 수 있는 창고 및 다락방이 있었다. 창고 안에는 먼 나라에서 실어 온 향료와 면화, 코코아 같은 귀한 상품들을 보관했다. 러셀 쇼토가 쓴 《세상에서 가장 자유로운 도시, 암스테르담》에 따르면, 벽돌로 지어져 박공지붕 형태를 한 건물 위층마다 중앙에 덧문 달린 창문이 나 있었는데, 이곳이 바로 창고였다. 카날 하우스 건물의 꼭대기를 유심히 살펴보면 끝에 쇠고리가 달린 무언가가 눈에 띈다. 황금의 17세기에 밧줄과 도르

레를 이용해 상품이 든 상자를 건물 위층으로 끌어 올리는 데 사용하던 도구다.

카날 하우스는 아시아에서 가져온 고가의 향신료를 저장해두면서 가격 변화를 조율할 수 있는 유통의 중간상인 역할도 했다. 러셀 쇼토에 따르면 1625년 네덜란드에 있는 VOC 소유의 창고들에는 약 400만 파운드(약 1,814톤)의 후추가 쌓여 있었고, 이듬해에는 600만 파운드(약 2,721톤)의 후추가 창고에 가득했다고 한다. 17세기 향료무역으로 막대한 부를 축적한 거상들의 전설은 '뻬이퍼뒤어peperduur'라는 네덜란드어로 남아있다. 엄청난 고가의 상품을 만날 때 네덜란드 사람들의 입에서 튀어나오는 말로 '후추처럼 비싸다'란 뜻이다.

뻬이퍼뒤어는 향료무역의 언어 유산이다. 17세기에는 후추를 비롯한 향료가 곧 황금이었다. 창고에는 쌓인 것은 후추만이 아니었다. 시나몬, 차, 고래기름, 건어, 설탕, 소금, 비단, 담배, 맥주 등 상인들이 취급하는 물건에 따라 창고 천장까지 물품이 쌓여 있었다고 한다. 창고를 채운 진귀한 물건들은 네덜란드에 '황금시대'라는 명성을 가져다주었다. 이처럼 국가 전체가 강렬한 모험정신과 역동적 분위기로 들끓던 시절에 하멜은 태어났다.

돈과 자유가 절박했던 소년

1630년 8월 20일, 암스테르담에서 80km 정도 떨어진 작은 도시 호르쿰Gorinchem에서 헨드릭 하멜은 태어났다. 아버지 이름은 딕 프레데릭 하멜, 어머니는 마크릿 헨드릭슨이었다. 헨드릭Hendrick 이란 이름은 영어의 헨리, 독일어의 하인리히와 같은 뜻이며 유럽에서는 보통 성으로 쓰인다. 하멜Hamel은 네덜란드에서 '하멀'이라 발음하는데, 흔치 않은 성이다.

기록에 나타난 하멜의 집안은 가난과는 거리가 멀었다. 아버지 직업도 건축전문가였다. 그런데 어찌된 영문인지 하멜은 이후 고아들을 돌보는 보육원에서 성장했다. 네덜란드와 30년 인연을 맺은 전문가이며 《네덜란드에 묻다》를 쓴 김철수 저자로부터 그 이야기를 듣고 하멜 박물관 관계자에게 확인한 내용이다. 하멜 박물관을 관리하는 호르쿰 시 관계자에 따르면 옛 문서를 추적하다가 보육원 기록을 발견했다고 한다. 전후 사정은 명확히 알 수 없지만, 어린 시절 하멜이 평범하지 않은 성장 과정을 거쳤다는 것만은 분명하다. 그가 왜 아시아의 먼바다로 떠나는 극한의 직업을 선택해야 했는지 짐작할 수 있는 대목이다.

"당신이 배를 만들고 싶다면 사람들에게 목재를 가져오게 하거나 일감을 주지 마라. 저 넓고 끝없는 바다에 대한 동경심을 먼저 키워줘라."《어린왕자》의 작가 생텍쥐페리의 말처럼 먼 곳에 대한 동경과 설렘으로부터 위대한 열정은 시작된다. 하멜에게 바다는 자유와 돈이었다. 망망대해와 완벽한 자유의 공기, 그리고 새로운 출발이 기다리는 곳이었다. 배를 타고 먼바다를 다녀와 부자가 된 사람들을 보면서 하멜은 주어진 운명을 받아들이느니 스스로 개척하겠다고 결심했다. 좁은 네덜란드 땅을 벗어나 아시아에서 인생을 바꿔보고 싶다는 열망에 휩싸였다.

멀리서 보는 바다는 낭만적이지만, 그곳은 거친 삶이 기다리는 곳이다. 육체나 정신 모두 강하지 않으면 견디기 힘들다. 더군다나 대항해시대에 외항선원은 매우 위험한 직업이었기에 고아나 불우한 환경의 자녀들을 대상으로 집중적인 선원 모집 활동을 했다. 하멜과 함께 조선에 왔던 선원 중 일부는 10대 청소년이었다. 심지어 열두 살과 열네 살 소년도 있었다. 이들은 소년에서 청년으로 가는 성장기를 송두리째 조선에서 보낸 셈이다.

당시 네덜란드에서는 적지 않은 아이들이 결손가정이라는 환경 아래 성장했다. 그 시대의 분위기를 알려주는 자료들이 있다.

대항해시대 네덜란드는 영국과 치열한 경쟁을 벌이다 세 차례에 걸쳐 전쟁을 치렀다. 영국은 1,200척에 이르는 네덜란드 선박을 나포하거나 파괴했다. 당시 영국으로 끌고 온 배 안에서 4만여 통의 편지가 발견되어 현재 런던 국립문서보관소가 소장 중이다. 전쟁이라는 특수상황 때문에 수신자에게 전해지지 않은 것으로, 그 편지들을 보면 이 시기의 가슴 아픈 사연들을 간접적으로나마 들여다볼 수 있다. 아시아로 떠난 남자들이 항해 도중 재난을 만나거나 혹은 다른 이유로 돌아오지 않게 되자 혹시나 연락이 닿을까 하는 기대감으로 가족들은 계속해서 편지를 보냈다.

《내밀한 미술사》에서 저자 양정윤은 VOC 사료에 정통한 네덜란드 역사가 룰로프 판 헬데르와의 대담을 통해 그 가슴 아픈 사연을 소개하고 있다. 막막한 생활고 때문에 친척들로부터 돈을 빌리거나 집안 살림을 다 처분하고 집도 판 사람, 심지어 아이들을 고아원에 보내고 본인은 몸을 파는 행위나 부랑자의 길을 선택한 경우까지 있었다고 한다.

암스테르담 항구 가까이 있는 '눈물의 탑'에서 당시의 분위기를 일부나마 느낄 수 있다. 현재 이곳은 동인도회사를 의미하는 'VOC 카페'라는 이름으로 불린다. 차를 마시거나 연회를 즐기는 용도로 사용되는 것이다. 이 탑은 본래 암스테르담을 방어하기 위해 1490년에 지어진 방벽 망루였으며 각진 외부 형태를 따서 원래 이름도 '각진 탑'이었다. 그런데 어쩌다가 '눈물의 탑'이라는

암스테르담 항구 인근에 있는 '눈물의 탑'.
본래 도시를 방어하기 위해 축조된 망루였지만 대항해시대 먼 곳으로 떠나는 남편을 배웅하던
여성이 슬픔을 견디다 못해 실신해버린 이야기가 전해지면서 '눈물의 탑'이라는 이름이 붙었다.
지금은 'VOC카페'라는 이름으로 불린다. 사진은 1955년 윌리엄 반 드 폴이 찍은 것이다.

이름으로 널리 알려진 걸까?

해상무역 전성기에 먼 항해에 나서는 남편을 배웅하며 눈물을 흘리다가 그곳에서 실신해 버린 한 여인의 가슴 아픈 이야기가 전해지면서 '눈물의 탑'으로 불리게 되었다고 한다. 한번 떠나면 최소한 몇 년이 걸리는 출장이며, 그곳에서의 이별이 영원한 작별이 되어버리는 상황도 흔했다. 하멜이 아시아로 떠나던 바로 그 시기의 일상적인 풍경이었다.

네덜란드 작가 세스 노터봄은 여행기 《산티아고 가는 길》에서 눈물의 탑 주변에는 뒤에 남은 사람들의 슬픔이 두텁게 쌓여 있다고 대항해 시절의 애절한 분위기를 전하고 있다. 노터봄은 하멜보다 300년쯤 뒤인 1933년 네덜란드에서 태어났으며, 노벨 문학상 시즌이 되면 단골 후보로 거명되던 소설가이자 여행작가다. 하멜처럼 젊은 시절에 화물선을 타고 리스본, 트리니다드, 조지타운을 거쳐 남아메리카의 수리남으로 항해한 적이 있는 그는 항구의 애틋한 분위기를 특유의 스타일로 그려냈다.

보육원에서 성장했다고 해도 하멜은 글자를 익혔고 실생활에 필요한 최소한의 공부도 했다. 당시 선원들 가운데는 글씨를 쓸 줄 모르던 이들도 적지 않았다. 실제로 조선에 온 하멜의 동료들 가운데 일부는 문맹이었다. 다만 네덜란드는 다른 유럽 국가들과 비교할 수 없을 정도로 문맹률이 낮았다. 1575년 레이던에는 네덜란드 최초로 대학이 설립되었다. 16세기 후반부터 앤트워프에서 북쪽으로 대규모 이주가 시작될 때 그곳의 교육 분야 종사자들과 교육 인프라가 함께 이동해 온 덕분이었다.

보육원에서의 성장과 문자 해독 능력, 이 두 가지는 하멜의 인생을 이해하는 데 매우 중요한 대목이다. 보육원은 '결핍 학교'였다. 애정의 결핍, 영양분의 결핍, 주머니의 결핍, 사회적 자본의 결핍이 어떤 것인지 확실히 깨닫게 해주었다. 그는 어린 시절부터 많은 것들을 빼앗겼다. 부모, 사랑, 따뜻한 분위기, 그리고 자유까지…. 성장기에 무엇인가를 빼앗긴 사람은 적개심이 강하기 마련인데, 하멜의 글에서는 그런 감정이 전혀 보이지 않는다.

하멜에게서 적개심은 별로 보이지 않지만, 강한 보상심리는 엿보인다. 열등감은 또 다른 보상심리를 낳는 법이니까. 사람들이 목숨 거는 행위를 하는 데는 대부분 돈과 사랑이 원인으로 작용한다고 한다. 하멜은 돈이 절박한 소년이었고, 큰돈을 벌어 빼앗긴 것들을 보상받고 싶었을 것이다. 돈은 자기 자신의 존재를 증명하는 정체성의 하나다. 그 시대에도 돈을 벌기 위해서는 문자 해독 능력이 필수였다. 글을 배움으로써 하멜은 생각하는 힘과 리더 혹은 관리자로서 성장하는 자질도 함께 키웠다. 쉽게 흥분하지 않고 차분함을 유지하는 하멜의 성정은 어릴 때부터 생긴 것 같다. 건강하다는 것은 균형을 말한다. 몸과 마음의 균형, 현실과 이상의 균형, 돈과 자유의 균형이다.

탐험하고 꿈꾸며 발견하라!

인생은 대개 10년마다 중대한 변곡점을 맞는다. 스물, 서른, 마흔, 쉰, 예순의 나이테와 연결될 때마다 많은 이들이 마음의 몸살을 앓거나 혹독한 심리적 열병에 드러눕기도 한다. 마치 오목에서 볼록으로 곡선이 변하는 것처럼 삶의 흐름과 방향이 확 바뀌기도 한다. 새로운 충동과 열망에 휩싸여 지금까지 걸었던 길과 다른 곳에 눈길을 돌린다.

하멜의 인생에서도 20이란 숫자는 매우 각별한 의미를 지닌다. 처음 아시아로 떠나는 배를 탔을 때 그의 나이가 스무 살이었고, 천신만고 끝에 고향에 돌아온 것도 20년이 지난 뒤였다. 길지 않은 인생에서 20년이란 시간의 무게는 얼마나 될까? 아기가 청년이 되고, 청년이 중년이 되며, 중년은 장년, 장년은 노년으로 바뀌는 엄청난 시간이다. 홍안의 청년 하멜은 마흔 살 중년이 되어 간신히 고국 땅을 다시 밟게 될 줄 상상이라도 해보았을까?

'나가사키 상관 일지Dagregister Nagasaki'에는 하멜을 태운 상선이 동아시아 무역을 위해 1650년 11월 6일 텍설을 출발해 머나먼 항해에 나섰다고 기록되어 있다. 그 배는 1,000톤급 보헬 스트라위스Vogel Stijs, 상선이지만 여러 대의 대포를 장착했으며 300명 이상의 선원과 승객을 태울 수 있을 만큼 거대한 배였다. 당시 동인도회사가 보유한 선박들 가운데 규모가 가장 컸다.

우렁찬 나팔 소리와 의기양양한 깃발을 나부끼며 항구를 빠져나가는 장소가 암스테르담이나 로테르담이 아닌, 이름도 낯선 텍설Texel이었다. 텍설은 네덜란드 북쪽, 북해와 영국을 마주하며 가늘고 길게 늘어선 군도들 가운데 가장 큰 섬이다. 크다고해봐야 현재 주민 수가 1만 3,600명에 불과하다. 양들이 언덕 위초지에서 한가하게 풀을 뜯는 네덜란드의 전형적인 시골 마을로, 자전거 하이킹의 명소로나 알려져 있을 뿐이다.

네덜란드는 육해공에 걸쳐 세계 최고 수준의 물류 국가이며특히 해상 물류는 최고 수준을 자랑한다. 로테르담은 현재 유럽에서 가장 많은 물동량을 소화하는 항구이며, 경제 중심지 암스테르담에서는 5년마다 'Sail Amsterdam'이라는 이름의 해상 축제가 열린다. 1975년 암스테르담 건립 700주년을 기념해 암스테르담 항구와 운하에서 열린 것이 기원이다. 해군의 군함이나 잠수함이 동원되고 개인 요트들도 참가하지만, 최고 인기는 돛을단 전통 범선들의 행진이다. 주최국 네덜란드뿐 아니라 5대양에서 온 5,000여 척의 선박들로 행사 기간 내내 항구와 운하 주변은 북적거린다.

이처럼 해양 문화의 전통이 오래되고 뛰어난 항구가 많은 네덜란드에서 하멜을 태운 선박은 왜 텍설 섬을 출항지로 택했을까? 하멜이 취직한 네덜란드 동인도회사는 여섯 개 지부를 갖춘 연합체였다. 자본의 절반을 기부한 암스테르담 지부, 네덜란드 북부의 호른 지부, 엥크호이젠 지부, 라인강 하구에 위치한 제일란트의 미델뷔르흐 지부, 가운데에 있는 로테르담 지부와 델프트 지부 등 여섯 개 지부가 자본과 사업을 독립적으로 운영하면서 단일화된 지침과 정책을 따르는 특이한 기구였다. 그 지부가 어디에 있는가에 따라 각기 다른 항구를 출항지로 삼았다.

텍설 섬은 다른 지역과 차별화되는 큰 장점을 가지고 있었으니, 그것은 선원들이 항해 도중 마실 물이었다. 텍설의 물은 철분을 함유해 쉽게 상하지 않았다. 따라서 대항해시대 먼 거리 항해에 나서는 선박들이 상대적으로 안전한 물을 확보하기 위해 선호하던 항구 중 하나였다. 암스테르담에서 출발한 범선들이 이 섬에 들러 식수를 채운 뒤 떠나기도 했다.

대항해시대에 바다 위를 오래 운항하다 보면 배에 채워둔 식수가 상해 버리는 일이 자주 발생했다. 하멜의 항해보다 약 반세기 전인 1595년, 네덜란드 최초로 대항해에 도전했던 코르넬리스 데 하우트만 원정대의 끔찍한 기록이 이를 입증한다.

고기와 생선에서 고약한 냄새가 났고 비스킷에는 곰팡이가 피어 있었으며, 맥주는 완전히 상해버렸고 심지어 물에서도 악취가 났다.

기후와 날씨 변화에 따른 정보가 부족하던 시대에 적도 부근을 지나다 벌어진 일이었다. 하우트만 원정대가 네덜란드에서 출발할 때의 인원은 249명이었지만, 귀항한 생존자는 고작 89명이었다. 살아 돌아온 사람들도 치아와 머리카락이 빠지는 심각한 이상 증상을 보였다. 장거리를 항해하는 동안 싱싱한 채소와 과일을 공급받지 못해 걸린 괴혈병이 원인이라는 사실은 아직 알려지지 않았다.

호르쿰에 있는 하멜 박물관에서는 이 도시의 역사를 담은 자료와 대항해시대의 범선, 항법 장치, 지도 등과 함께 그 시대의 이색적인 전시물을 관람할 수 있다. 깨끗한 물 대신 마셨던 맥주, 말린 고기, 절인 채소 등으로 당시의 구체적인 선상생활이 어떠하였을지를 짐작하게 해준다. 하멜이 해외로 나갈 무렵에는 식품과 식수에 대한 대비책이 그나마 반세기 전보다 나아졌다.

미지의 세계를 향해 떠나는 일은 낭만적이기는 하되, 바다는 언제 어떤 일이 벌어질지 모르는 위험한 곳이었다. 항해에 나서는 선원은 육체와 정신 두 가지 모두 강해야만 도전할 수 있는 직업이었다. 당시 네덜란드 선원들 사이에서는 '플라잉 더치맨 Flying Dutchman'이란 공포의 유령선 전설이 널리 퍼져 있었다. 험악한 날씨에도 불구하고 아프리카 희망봉으로 항해하던 배가 침몰했는데, 그 안에 타고 있던 선원들이 저주를 받아 영원히 잠들지 못하고 부근의 해역 허공을 떠돌고 있다는 무시무시한 전설이었다. 선원들 사이에서 과학보다는 미신이나 초현실적인 힘이 더 막강한 영향을 미치던 시절의 전설이다. 바그너의 〈방황하는 네덜란드인〉은 그 전설에서 영감을 받아 만들어진 오페라다. 유럽에서 아시아로 떠나는 항해는 이처럼 열악한 선상생활로 인한 고통에다 자연 재난과 사고의 위험으로 가득했다.

하멜은 그러나 미지의 땅을 밟고 싶다는 열망만으로 들떴다. 그에게 동방은 자유와 기회의 땅이었다. 모험을 통해 큰돈을 벌어서 자유를 찾겠다는 희망으로 가득 차 있었다. 미래의 기대감이 현실의 공포감을 눌렀다. 성장 과정에서 억눌렸던 욕구를 다른 형태로 보상받고 싶다는 일종의 보상심리도 작용했으리라. 게다가 그는 막 스무 살이 된 청년이었다. 하멜의 출발 장면은 '20년 뒤Twenty years from now'라는 글을 떠오르게 한다.

앞으로 20년 뒤, 당신은 저지른 일보다 저지르지 않은 일에 더 실망하게 될 것이다. 그러니 밧줄을 풀고 안전한 항구를 벗어나 항해를 떠나라. 돛에 무역풍을 가득 담고 탐험하고, 꿈꾸며, 발견하라!

간혹 미국 작가 마크 트웨인의 글이라 소개하고 있지만, 사실은 그가 한 말이 아니라는 것이 미국 연구자들에 의해서 밝혀졌다. 그렇다고 글의 의미까지 퇴색하는 것은 아니다.

'안전한 항구를 벗어나 탐험하고 꿈꾸며 발견한다Explore, Dream, Discover'는 표현은 어떤 의미에서 17세기 네덜란드인들의 시대정신이라 할 수 있으며, 하멜의 마음이기도 했다. 그는 네덜란드라는 비좁은 땅에서 사회적 약자로 춥고 배고프게 살기보다 안전한 항구를 떠나 도전하는 쪽을 택했다. 태어나 처음으로 인생을 스스로 선택했다는 해방감과 불안이 섞인 기묘한 기분이었다.

마르코 폴로의 '지팡구'를
찾아가는 모험

암스테르담은 이탈리아의 수상 도시 베네치아와 유사한 점이 많다. 운하와 다리가 많은 물의 도시이며 한때 해양 강국을 이끈 주역이었다는 사실까지 같다. 베네치아는 네덜란드와 마찬가지로 땅이 부족하고 부존자원도 없었기에 일찌감치 바다로 눈을 돌렸다. 바다는 어떤 사람들에게는 이별과 죽음의 공포를 의미하지만, 베네치아 사람들은 미래와 희망, 해외시장을 보았다.

모험에 대한 하멜의 열정은 베네치아가 낳은 위대한 아들 마르코 폴로를 연상케 한다. 베네치아의 남자들은 성장하면 무조건 바다로 나가야 했다. 마르코 폴로가 아직 엄마의 배 안에 있을 때 아버지는 삼촌과 함께 돈을 벌기 위해 먼 길을 떠났다. 아버지 폴로 형제는 콘스탄티노플(지금의 이스탄불)을 시작으로 중동지방과 중앙아시아를 거쳐 몽골 영토까지 진입해 쿠빌라이 칸을 만난 후 베네치아로 돌아왔다고 한다. 아들 마르코는 열다섯

마르코 폴로의 여정을 형상화한 그림.
돈을 벌기 위해 동방으로 떠났던 그는 원나라 궁정을 경험한 뒤 장장 2만 4,000여km의 여정을
거쳐 24년 만에 귀향했다. 마르코 폴로가 감옥에서 구술한 중국과 그 이웃 나라들의 이야기는
14세기 이후 유럽인들의 상상력을 한껏 자극하며 동방에 대한 판타지를 불러일으켰다.

살이 되어서야 처음으로 아버지의 얼굴을 보았다. 어머니는 이미 돌아가신 뒤였다. 그의 아버지 말고도 가족을 먹여 살리기 위해 10년 넘게 해외에서 떠돌아다닌 남자들이 적지 않았다. 그것이 당시 베네치아의 절박한 상황이었고, 훗날 하멜 시대 네덜란드 남자들의 운명이기도 했다.

마르코 폴로가 아버지와 삼촌을 따라 배를 타고 고향 베네치아를 떠난 것은 1271년이었다. 그의 나이 열일곱 살 때의 일이다. 그 사이 그는 상업 교육과 상선商船을 다루는 기술 등 베네치아 상인이 되기 위한 기초 교육을 충실히 이수하였다. 수많은 모험 끝에 원나라 궁전에 도달한 폴로 일행을 접견한 쿠발라이 칸 황제는 크게 환대한다. 특히 젊은 청년 마르코에게 지대한 관심을 드러냈다. 이는 하멜이 서울에서 효종을 직접 만난 장면과 매우 흡사하다.

마르코 폴로가 고향 베네치아의 리알토 다리로 돌아온 것은 1295년이었다. 고향을 떠난 지 24년 만의 일이며, 총 2만 4,000km의 여정을 거친 뒤였다. 그의 품에는 진귀한 보물과 재산이 가득 안겨있었다. 마르코 폴로가 자신과 아버지, 삼촌의 모험담을 책으로 남겨야겠다고 결심한 것은 전혀 뜻밖의 상황 때문이었다. 베네치아의 라이벌 제노바와의 전쟁에 시민의 의무로 참여했다가 포로로 잡혀 제노바의 감옥에 투옥된 것이다.

그는 감옥 안에서 피사 출신 작가 루스티첼로를 만난다. 마르코 폴로는 말하는 데는 탁월한 재능이 있었지만, 글을 쓰는 능력은 부족했다. 마르코 폴로가 모험담을 구술하면 루스티첼로가 글로 옮겼다. 이렇게 해서 세상에 나온 책이 《일 밀리오네Il Milione》, '백만 가지 이야기'라는 뜻이다. '마르코 폴로의 여행기' '세계의 서술' '항해와 여행에 대해서' 등의 여러 가지 제목으로도 나왔다. 한국에서는 《동방견문록》으로 번역되었다. 원본은 조악한 프랑스어로 쓰인 것이지만, 그나마도 아쉽게 사라졌다. 한동안 좁은 공간에 갇혀 있었고, 그 기간에 여행기를 남긴 것도 마르코 폴로와 하멜 두 사람의 공통점이다.

마르코 폴로의 책이 세상에 처음 나왔을 때 사람들은 믿으려 하지 않았다. 오죽했으면 그는 '백만 가지 허무맹랑한 이야기를 떠드는 마르코'라는 뜻의 '마르코 밀리오네Marco Millione'라는 별명으로 더 유명했겠는가? 여행기에 만리장성이 언급되지 않은 등의 이유로 여행과 기록의 진실성에 대한 의심도 받았다. 하지만 훗날 답사와 학술조사 과정을 통해 마르코 폴로의 이야기 중 오류가 더러 있지만 상당 부분 옳았다는 것이 입증되었다. 만리장성은 마르코 폴로가 목격했던 몽골제국의 원나라가 아닌, 그 이후 명나라 때 현재의 모습으로 세워졌다는 사실도 밝혀졌다. 그의 전설적인 이야기는 세상 사람들에게 상상력과 꿈의 폐활량을 넓혀 주기에 충분했다.

크리스토퍼 콜럼버스가 마르코 폴로의 여행에 자극받아 탐험을 떠났다가 신대륙을 발견한 것은 너무나 유명한 일화다.

"중국보다 동쪽에 황금의 나라가 있으며 그곳 사람들은 후추를 물 쓰듯 한다."

이 이야기에 유럽인들은 흥분했다. 지리학자 파올로 토스카넬리의 '세계는 둥글다'는 이론을 우연히 접한 콜럼버스는 신세계로 떠나는 탐험선 안에 마르코 폴로의 여행기를 챙겨갔으며, 배 안에서 책장마다 일일이 메모를 남기며 읽고 또 읽었다고 한다. 현재 스페인에 남아있는 《동방견문록》에는 콜럼버스가 일일이 손으로 기록한 40곳 정도의 주가 달려 있다. 콜럼버스가 찾으려 했던 것은 신대륙이 아니라 황금과 후추, 인도, 그리고 '지팡구'였다. 《동방견문록》에 설명된 지팡구 부분을 옮겨본다.

지팡구는 만지(남중국)에서 동쪽으로 1,500마일 떨어진 대양 속의 섬으로 매우 큰 섬이다. 그들은 우상 숭배자이고 또한 누구에게도 종속되어 있지 않다. 그들이 소유한 황금은 무한하다.

지팡구란 어디에서 나온 말인가? 일본국日本國을 당시 중국어 발음으로 '지펀구'라 불렀다고 한다. 마르코 폴로는 이를 지팡구Zipangu라고 음차해 적었으며 훗날 이 단어가 변해 영어로 재팬Japan, 프랑스어로 자퐁, 독일어로 야판이 되었다. 지팡구는 7,448개의 섬으로 이뤄져 있으며 그곳에 사람들이 산다고 마르코 폴로는 적고 있었다. 일본은 혼슈, 규슈, 시코쿠, 홋카이도 등 4개의 섬을 주축으로 6,852개의 섬으로 이루어진 군도 국가인데, 마르코 폴로가 말한 7,448개와 다소 차이는 있지만 대체로 부합되는 설명이다. 다만 그가 '황금의 나라'라고 설명했던 13세기 말의 일본은 금을 생산하는 나라가 아니었다. 일본에서 골드 러시가 일어난 것은 16세기 중반이 되어서였다.

대부분의 유럽 아이들이 그러하듯 하멜은 어릴 때부터 마르코 폴로의 모험 이야기를 듣고 자랐다. 마르코 폴로가 말하는 '지팡구'와 그 땅에 묻힌 황금을 찾아 떠나야겠다는 꿈을 마음속 깊은 곳에 남모르게 키우고 있었다.

네덜란드와 바타비아
그리고 렘브란트

하멜이 탄 배는 8개월에 걸친 길고도 지루한 항해 끝에 1651년 7월 4일 목적지 바타비아에 도착한다. 바타비아는 적도 밑에 자리 잡은, 인도네시아 수도 자카르타의 옛 이름이다. 네덜란드 동인도회사VOC의 본사는 암스테르담에 있었지만, 아시아 해양 무역의 실질적인 활동은 바타비아를 중심으로 이뤄졌다.

맨 처음 동남아시아 지역을 선점한 세력은 포르투갈과 스페인이었다. 스페인은 필리핀의 마닐라에 거점을 두었고, 포르투갈은 마카오를 중심으로 세력을 넓히고 있었다. 하지만 동남아시아에 흩어져 있는 수천 개 섬을 지배하기에는 스페인과 포르투갈 병력의 숫자가 턱없이 부족했다. 그 틈을 비집고 들어온 것이 네덜란드였다. 네덜란드는 포르투갈 사람들이 '향료제도'라 부르던 자바 섬을 점령하고, 4년 뒤에는 이 섬 북서쪽 끝에 본격적인 거점기지를 세워 '바타비아'라 불렀다. 그때가 1619년이었다. 이후 1942년까지 네덜란드는 이곳을 지배하기에 이른다. 그러니까 바타비아는 최초의 세계화 전략기지라 할 수 있다.

바타비아는 오랫동안 근대 유럽인들에게 낙원의 다른 이름이었다. 먼 이국에 대한 향수, 부자가 될 수 있는 땅, 답답한 현실과 일상으로부터의 탈출, 새로운 시선 등의 의미가 뒤섞인 이름이었다. 프랑스의 시인 샤를 보들레르가 노래한 〈이 세상 밖이라면 어느 곳이든〉에서도 '바타비아'는 하나의 로망과 낙원으로 그려져 있다.

바타비아라면 네 마음에 더 들까? 더구나 그곳에서는 열대의 아름다움과 결합한 유럽의 정신을 발견하게 될 테니까.

본래 '바타비아'라는 말은 로마제국 때 지금의 네덜란드 지역에 정착해 살고 있던 부족을 일컬어 로마 사람들이 부르던 라틴어 이름이었다. 화가 렘브란트에게 바타비아는 잊을 수 없는 주제였다. 그림의 제목은 '클라우디우스 시빌리스와 바타비아인들의 음모the conspiracy of the batavians under claudius civilis'.

이 그림에 주목하는 이유는 '바타비아'라는 이름의 유래와 고대 로마의 역사가였던 타키투스의 《역사》에 실린 주제의식 때문이다. 타키투스에 따르면, 기원후 69~70년에 애꾸눈 지도자였던 클라우디우스 시빌리스(타키투스는 라틴어로 '가이우스 율리우스 시빌리스'라 불렸다)가 바타비아인을 이끌고 로마제국에 반란을 일으켜 휴전 협상까지 가는 데 성공했다고 한다.

이처럼 '바타비아'라는 이름 속에는 로마의 속주에서 벗어나기 위해 자주를 외치던 선조들의 용맹한 기상이 숨겨져 있었다. 16세기 후반부터 80년 동안 강대국 스페인과 독립전쟁을 벌인 후 승리한 네덜란드가 마침내 국제적으로 독립을 인정받은 직후, 암스테르담 시는 시청사 벽에 걸릴 대형 작품의 소재로 이 이야기를 선택했다. 신생 독립국 네덜란드인의 강인한 정신과 독립심을 대외적으로 과시하고 싶었기 때문이다.

작품 의뢰를 받은 렘브란트는 애꾸눈의 지도자 클라우디우스 시빌리스를 중심으로 바타비아인 전사 여러 명이 검劍을 맞대고 서약하며 결의를 다지는 장면에서부터 이야기를 풀어나갔다. 경건한 분위기를 전달하기 위해 작가 특유의 어둠 속에서 발휘되는 빛의 극적인 대비를 살려 심리적 효과를 극대화했다. 원래 그림은 가로세로 각 5m에 이르는 대작으로 '야간순찰대'보다 더 컸다. 하지만 렘브란트가 완성한 이 그림은 암스테르담 시청사 벽면에 걸린 지 반년도 지나지 않아 벽에서 내려졌다. 전혀 예기치 못한 상황이었다. 게다가 렘브란트는 작품값도 받지 못하는 굴욕적인 상황과 맞닥뜨린다.

렘브란트는 하멜보다 24년 앞선 1606년에 태어났다. VOC가 설립된 것은 1602년이었으니 그의 인생은 17세기 황금시대와 거

렘브란트와 '바타비아'.

'바타비아'라는 말은 본래 로마의 속주에서 벗어나 자주를 외치던 네덜란드 부족 이름. 스페인으로부터 막 독립한 암스테르담 시는 렘브란트에게 용맹성과 자유정신을 담은 그림을 의뢰했다. 그는 애꾸눈 지도자 시빌리스와 바타비아 지도자들이 검을 맞대며 서약하는 대작 '클라우디우스 시빌리스와 바타비아인들의 음모'를 그렸지만 거부당했다. 분노한 렘브란트가 가운데 부분만 남기고 잘라낸 뒤 팔아버린 치욕의 작품이다.

의 일치하고, 그 시기를 '렘브란트의 시대'로 바꿔 부르는 사람마저 있을 정도다. 그러나 아내가 일찍 사망하고 인생의 불운이 계속되는 데다 그림 시장의 평가마저 차가워졌을 무렵 렘브란트는 이 대작을 의뢰받는다. 1661~1662년 사이의 일로, 그 무렵 하멜은 조선에 있었다.

이유조차 모른 채 암스테르담시로부터 거부를 당하자 분노한 렘브란트는 원래 그림 가운데 주요 인물들이 들어간 4분의 1만 남기고 나머지는 잘라낸 뒤 다른 컬렉터에게 판매했다. 그렇게 시장에 나온 이 그림을 니콜라스 콜이라는 상인이 낙찰받았고, 그의 사후 스웨덴 출신 여성의 손에 넘어가 현재 스웨덴 스톡홀름의 국립박물관에 걸려있다.

그나저나 현재의 자카르타 지역에 교두보를 건설한 네덜란드는 왜 그곳을 '바티비아'라 명명했을까? 네덜란드는 이제 막 스페인으로부터 독립한 신생국이었다. 그렇기에 선조들의 강인한 기상과 용감한 정신을 어떻게든 강조하고 싶었던 것이다. 하멜이 조선에 도착할 무렵 VOC는 말레이반도에서 자바, 수마트라 같은 향신료의 생산지, 그리고 대만과 일본 등 동아시아의 독점 무역권을 손에 넣어 17세기 아시아의 해상무역 패권을 장악하고 있었다.

VOC는 아시아와 유럽의 장거리 무역뿐만 아니라 아시아 지역 내의 물건을 사고파는 역내무역도 활발하게 주도했다. 일본에서 구입한 은과 구리를 중국과 대만에 비싼 값에 되팔고, 그곳에서 산 도자기와 실크를 동인도에서 향신료와 바꾸며, 인도네시아의 설탕을 페르시아에 팔고, 인도의 직물은 예멘에 보내는 식이었다. VOC는 경영기법과 비즈니스 모델 개발, 기업의 관리 등 다양한 면에서 근대 기업경영 기법의 선도자였다.

렘브란트는 시대 분위기와 달리 평생 해외에 나간 적이 없는 화가로도 유명하다. 그러나 이국적인 것에 대한 호기심이 많았고 수집도 적극적이었다. 이때를 상징하는 렘브란트의 또 다른

동방 군주 모습의 렘브란트 자화상.
렘브란트 그림 가운데 가장 이국적인 자화상. 평생 네덜란드에만 머물렀던 렘브란트지만 외국
물건을 적극 수집했다. 인도네시아 전통 검 끄리스를 들고 군주 흉내를 내는 독특한 모습으로,
명성과 실력에서 거칠 것 없었던 스물여덟 살(1634년) 때의 동판화다.

작품이 있다. 1634년에 동판화로 제작한 자화상은 검을 들고 동방의 군주 흉내를 내는 매우 독특한 모습이다. 이 작품에서 렘브란트는 이국적인 모자와 의상에다 유럽에서 보기 힘든 특이한 검을 든 차림으로 나타났다. 신분 사회에서 검劍은 그것을 들고 있는 주인공의 신분을 나타낸다. 렘브란트는 마치 동방의 군주처럼, 자신이 예술의 군주가 되었다고 선언하려던 것일까? 이때 그의 나이 스물여덟 살, 명성과 실력에서 거칠 것 없이 스타로 뻗어 나가는 시기였다. 이 자화상의 전반적인 분위기는 네덜란드 동인도회사의 향료무역 중심지이던 인도네시아 바타비아와 그 주변 말레이시아의 분위기가 강하게 풍긴다. 이 그림은 오리엔트Orient, 즉 동방東方을 상징하는 그림이다.

렘브란트에게 동방이란 어떤 의미였을까? 2021년 독일 포츠담의 바르베리니 박물관과 스위스 바젤의 쿤스트 박물관에서 '렘브란트의 오리엔트Rembrandt's Orient'란 주제로 전시회가 열렸다. '17세기 네덜란드 예술에서 동과 서의 만남'이란 부제 아래 렘브란트의 작품 110점과 동시대 화가들인 페르디난트 볼, 얀 반 데르 하이덴, 페테르 라스트만 등의 작품을 함께 전시했다. 이 특별전의 초점은 렘브란트 시기의 네덜란드 사람들 인식 속에서 외국이란 어디를 의미하는지, 특히 동방의 의미는 무엇인지에 있었다. 당시 유럽인들은 레반트, 동지중해 지역, 그리고 아시아를 통틀어서 동방Orient으로 이해했다. 레반트Levant는 이탈리아어로 태양이 뜨는 지방 즉 동방을 뜻했고, 협의로는 소아시아를 의미했다. 종종 동방 무역과 레반트 무역은 동일시되었다.

동the East과 서the West의 만남은 유럽과 서구 중심적Eurocentrism으로 이루어져서 착취와 폭력, 약탈과 무역 전쟁이라는 그림자를 짙게 남겼다. 네덜란드와 유럽인의 시선에서 동방은 낭만이자 도전이고 부유함의 상징이었지만, 아시아와 인도네시아의 시각에서 볼 때 이 만남은 식민지배이자 폭력, 착취의 다른 말이었다.

그런 인식 차이 때문일까? 바타비아 식민지 시절의 문화유산은 인도네시아와 자카르타보다 네덜란드와 암스테르담에서 더 많이 보관하고 있다. 암스테르담의 국립박물관Rijks Museum에는 19세기 자바전쟁의 영웅인 왕자를 소재로 한 니콜라스 피에네만의 그림 '디쁘느고로 왕자의 체포'가 있다. 암스테르담의 열대 박물관Tropen Museum은 식민지 시대에 인도네시아와 수리남, 아프리카에서 가져온 탐험가들의 전리품과 수집품들을 전시해 놓은 곳이다. 그곳에 전시된 수십만 점의 박물관 유물과 사진 가운데 절반가량은 인도네시아에서 들여온 것들이다. 인도네시아 전통 의복과 장신구, 전통 칼 끄리스와 꼭두각시 인형 와양 꿀릿, 섬세하게 조각한 힌두신의 상과 불상 등은 예술적 가치와 보존 상태라는 측면에서 인도네시아에 있는 박물관 전시품들을 오히려 압도한다.

그뿐 아니다. 암스테르담을 여행하다 보면 이 도시에 너무도 다양한 인종과 외국인들이 존재한다는 사실에 깜짝 놀라곤 한다. 암스테르담에는 현재 178개 민족이 살고 있으며 특히 인도네시아인들이 많다. 네덜란드에 거주하는 인도네시아인은 약 70만 명, 이 나라 최대의 외국인 동포사회를 이루고 있다. 네덜란드 전체 인구가 1,740만 명이라는 점을 생각한다면, 인도네시아 사람이 얼마나 높은 비율을 차지하는지 실감할 수 있다. 네덜란드가 340년간 식민지배하는 동안 인도네시아의 관리, 고위층 자녀, 혹은 유학생의 신분으로 이주한 사람이 적지 않았고, 2차 세계대전 이후에는 네덜란드에 협조했던 인도네시아인들이 대거 도피한 결과라고 한다.

암스테르담의 식당에서 발견하는 볶음밥 나시고랭Nasi Goreng, 볶음국수 바미고랭Bami Goreng, 스프링롤 룸피아Loempia 등은 모두 인도네시아에서 건너온 메뉴다. 그만큼 네덜란드와 바타비아의 역사적 관계는 특수하다.

"근심, 말다툼,
그리고 빈 지갑을 피하라!"

실력 없는 열정은 무모하고, 열정 없는 실력은 공허하다. 누구보다 돈과 자유가 간절했으므로, 하멜은 바타비아 도착 직후 VOC에서 정식으로 업무교육을 받는 동안 착실하게 실력을 다져 나갔다. 처음에는 직급이 낮은 하급직 선원 신분이었지만 선천적으로 성실한 태도 덕분에 지상에서 2년 근무하는 사이 서기로 승진했다. 서기는 일반 선원과 달리 장교 직급이었다. 처음에 일반 선원으로서 받은 봉급은 10굴덴이었는데 조수를 거쳐 서기로 승진한 뒤에는 30굴덴까지 껑충 뛰었다. 바야흐로 단순 근로자가 아닌 중간 관리자로서의 역량을 차근차근 키워나간 셈이다.

"사람을 해치는 것이 세 가지 있다. 근심, 말다툼, 그리고 빈 지갑이다." 유대교 경전 《탈무드》에서 강조하는 말이다. 하멜이 평생 피하려 했던 세 가지이기도 하다. 아무리 현실이 암담해도 근심을 이겨내려 했으며, 동료들과 말다툼을 삼갔다. 지갑이 비면 얼마나 비참한 처지에 놓이는지를 그는 누구보다 잘 알았다. 하멜은 유대인은 아니다. 그러나 그가 취직한 VOC는 유대 자본이 주축이 되어 만들어진 회사다. 철저히 주주들의 이익에 따라 움직이는 주식회사 아이디어도 유대인의 머리에서 나왔다.

VOC는 세상에서 유례를 찾아보기 힘든 매우 특이한 회사였다. 수익성을 극대화하기 위해 세워진 민간 회사이지만, 네덜란드 정부의 관리와 군사적 지원을 받아 전쟁을 수행할 의무까지 졌다. 외국 정부와 조약을 체결할 권한이 있었고, 원정대의 총지휘관은 배의 선장이자 무역 대표 그리고 해상 군사력을 휘두르는 사령관 역할까지 1인 3역을 담당했다. 나라 밖의 또 다른 나라였다. VOC는 근대적 경영기법과 사업전략, 조직관리 기법에서도 선도 기업이었다. 세계화 전략을 처음 시도한 회사였으며 선박 제조 능력, 지도 제작술, 복식부기의 발전에도 큰 역할을 했다. 17세기 이후 아시아에서 250만 톤의 물건과 생산품을 유럽에 실어 날랐는데, 커피와 차※, 도자기가 유럽 가정에서까지 유행하게 된 것은 바로 이 회사 덕분이다.

하멜이 바타비아의 VOC에서 지상 근무를 하면서 철저하게 배워둔 게 있다. 돈에 대한 확실한 관념과 숫자의 엄격함이었다. 세계 최초의 주식회사인 VOC는 회계에 대한 책임감과 신뢰의 기반 위에서 탄생했다. 네덜란드 시민이면 누구나 회사의 주식을 살 수 있고 "화물 수익금이 현금화되면 그 즉시 5%를 배당금

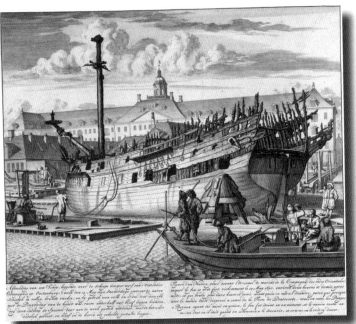

암스테르담 동인도회사 본사 앞 대형 상선 모습.
1690년 네덜란드 화가 얀 반 데르 하이덴이 그린 작품으로 17세기 네덜란드의 황금시대를 상징한다. 바다에 떠 있는 선박은 화재로 손상된 모습이다.

으로 지급해야 한다"고 명시하고 있었다. VOC는 6년마다 회사의 비용과 이익, 손실에 대한 모든 기록을 공개하는 공적 회계감사 결과를 발표하도록 의무화했고, 기록을 제시하지 않는 관리자는 처벌 대상이라고 못 박았다. 세월이 흘러 비리가 발생하기는 했지만 초기에는 회계의 투명성이 생명이었다.

"수치數値를 잘못 다루면 수치羞恥 당한다."

리더라면 반드시 가슴에 새겨야 할 금언이다. 인생의 매우 귀중한 가르침을 하멜은 바타비아 시절에 익혔다. 매사 명확하고 객관적인 데이터로 처리하는 습관을 이때 터득했다. 수치와 숫자를 잘못 다루면 돈이 아니라 독毒이 된다. 자기 자신을 망치는 맹독으로 변한다. 훗날 조선에서 궁핍한 삶을 살면서도 동료들과 함께 재산을 모으고 나누는 동안 하멜은 언제나 공평하게 집행했고, 그 과정을 투명하게 공유했다.

흔히 《하멜표류기》로 알려진 책은 크게 두 부분으로 나뉜다. 하나는 한반도 표착 이후 13년 28일 동안 있었던 일들을 일지 형식으로 기록한 것이고, 다른 하나는 조선이라는 나라에 관한 개괄적 정보와 배경을 설명한 '조선왕국기'이다. 여기서도 숫자에 밝은 하멜의 면모가 드러난다. 관념이 아닌 데이터, 주관이 아닌 객관적 자료가 기반이 되어있다. 더러 기록 유실과 기억의 망각으로 상세히 언급되지 않는 부분이 있지만, 초기와 후반부의 기록은 매우 구체적이다.

여행에는 자기만의
비밀스러운 목적지가 있다

우리는 왜 길을 떠나는가? 익숙하고 편안한 집에 머물지 않고 멀리 떠나려 하는 이유는 무엇인가? 긴 줄에 서야 하고, 장시간 비행기에 갇혀 있어야 하며, 비용도 적지 않게 든다. 우리가 여행에서 진정으로 얻으려 하는 것은 무엇인가? 인스타그램에 올리기 위한 사진, 맛있는 음식, 이국적 풍경, 휴식도 있겠지만 그게 전부는 아니다.

12세기 스페인 출신 아랍계 여행자인 이븐 알 아라비는 "존재의 근원이 움직임이기 때문"이라고 여행의 본질을 정의했다. 서른 살이 되던 해 자신이 살던 스페인의 세비야를 떠나 튀니지로 여행하였고 서른일곱 살 되던 해에 수피즘을 신봉하는 종교인이 되어 동방으로 향했다. 1202년 메카 순례를 하고 이집트, 이라크, 소아시아의 여러 지방을 돌아다녔으며 다마스쿠스에서 생을 마칠 때까지 고향으로 다시 돌아오지 않았다.

서른 살 이후 죽을 때까지 여행을 멈추지 않았던 이 여행자는 여러 권의 책을 남기는데 그 가운데 하나가 《여행에 관한 책*The Secrete of Voyaging*》이라는 제목의 작은 책자였다. 이 책에서 그가 탐구하려고 했던 것은 아랍어로 safar(여행)라 말하는 여행의 본질이다. 그는 여행과 움직임을 우주와 신, 자신의 영혼을 만나는 행위라 이해했다.

존재가 움직일 수 없다면 그 원천인 무無로 돌아간다. 그러하기에 여정은 절대로 멈추지 않는다.

이렇듯 여행은, 특히 혼자 하는 여행은 정신적 의미와 지적知的인 의미를 띤다. 여행은 한편으로는 비즈니스와 비슷한 속성도 있다. 안전함, 비용 절감, 효율적인 시간 관리 등을 고려해 미리 계획을 세우지만, 일단 시작되면 계획대로만 흘러가지 않는다. 느닷없는 상황과 황당한 일이 벌어져 허둥대기도 한다. 항공기 출발이 지연되고, 연결편이 결항하거나 원치 않는 비행기 옆자리의 승객과 동행해야 한다. 예약한 숙소가 홍보자료와 달리 엉망인 경우도 적지 않다. 철석같이 믿었던 내비게이션이 인적 없는 산길이나 위험 지역으로 내몰기도 한다. 이때 당황하거나 화를 내면 더 큰 문제로 이어질 수 있다.

"떠나기 전에는 치밀한 준비를 하여라. 그러나 일단 출발한 뒤에는 그 계획에 집착하지 말아라!"

경험 많은 여행자들 사이에 전해져 내려오는 금언이다. 문제 없는 가정, 문제없는 직장이 없는 것처럼 문제없는 여행도 없다. 때론 억울하고 속이 터지더라도 상황을 받아들이고 그 상황 속에서 차분히 문제를 풀어나가야만 한다. 길을 잃어보면 비로소 자기 자신이 누구인지 알게 된다. 얼마나 조급한 사람인지, 얼마나 무기력한 존재인지 그리고 얼마나 도량이 좁은지 여행을 통해 깨닫게 된다.

"가이드가 가장 두려워하는 사람은 누구일까요? 그 지역에서 박사학위를 취득한 전문가일까요? 아닙니다. 가이드가 제일 힘들어하는 부류는 그곳에 딱 한 번 와본 사람입니다."

여행 가이드들이 들려주는 뼈가 깃든 농담이다. 왜 그럴까? 물론 모든 사람이 그런 것은 아니지만 어설프게 아는 사람이 가장 힘들다는 뜻이다. 그런 사람들은 모든 것을 아는 것처럼 말하고 행동하며 가이드의 이야기를 전혀 들으려 하지 않는다. 과장 섞인 농담이지만, 이 말 속에 여행의 의미가 담겨있다. 익숙한 것을 만나러 간다면 그것은 진정한 여행이 아니다. 진정한 여행자라면 익숙하지 않은 것조차 기꺼이 만날 각오를 한다.

의미 있는 여행을 하고 싶다면 비워서 떠나야 한다. 가방을 비우고, 머리를 비우며, 마음도 비운다. 냉장고에 오래 방치된 식품이 상하고 식중독을 일으키듯이 지식 냉장고, 감성 냉장고도 마찬가지다. 주기적으로 비우고 새로운 내용으로 바꿔 넣어야 상하지 않는다. 여행에서 우리는 새로운 사람을 만나고, 새로운 풍경을 보고, 새로운 음식을 먹지만, 이보다 더 중요한 것은 새로운 눈을 갖는 것이다. 인생과 세상에 대한 새로운 관점과 안목, 그리고 생각이다. 그리하여 여행이 끝났을 때의 나는 떠날 때와는 많이 다른 사람으로 성장한다.

"모든 여행에는 자신도 모르는 비밀스러운 목적지가 있다." 마르틴 부버는 예기치 못한 방향으로 우리 삶을 이끄는 여행의 묘미를 이렇게 정리했다. 그리고 이 말은 문자 그대로, 누군가의 여행에 적용되기도 한다. 특히 그가 바다 여행자라면….

바다는 자유?

하멜에게 바다는 가슴을 설레게 만드는 공간이었다. 망망대해와 끝없는 수평선을 넘어 멀리멀리 가면 꿈을 실현할 수 있으리라 믿었다.

대항해시대 초기에 바다는 그러나 자유가 아닌 닫혀 있는 공간이었다. 지금처럼 어느 나라나 해양을 자유롭게 항해할 수 있었던 것은 아니다. 스페인과 포르투갈 두 나라는 토르데시야스 조약, 사라고사 조약 등을 맺어 지구촌의 바다를 양분했다. 이 조약에 따라 다른 나라의 선박이 지나가면 해당 바다의 영유권을 주장하는 스페인과 포르투갈의 무장 선박이 나포했다.

1602년 네덜란드 동인도회사가 설립되면서 바다에 새로운 긴장이 생겼다. 그리고 공해상에서 포르투갈 무장 선박들과 분쟁을 벌이던 VOC 선박들이 포르투갈의 배를 암스테르담으로 끌어오는 일이 벌어진다. 압수한 포르투갈 상선에는 온갖 진귀한 물건들이 가득 실려 있었다. 특히 후추와 향료, 중국의 자기와 같은 것들은 돈 많은 사람들의 구매 충동을 일으켰다. 중국 도자기는 네덜란드에서는 '무장상선 자기kraak porselein'라 명명되었다. 포르투갈 무장상선에서 압수한 자기라는 뜻이었다. 1603년 네덜란드가 포르투갈의 산타카타리나 호를 점령하자 포르투갈은 '해적질'이라고 맹비난하면서 선박과 화물을 고스란히 되돌려 달라고 요구했다.

이때 네덜란드의 동인도회사가 자신들의 행동을 논리적으로 방어하기 위해 고용한 법률가가 휴고 그로티우스(네덜란드어로는 하위흐 더 흐로트)였다. 델프트 출신의 젊고 영리한 이 법학자는 스페인 해군이 무력으로 네덜란드를 봉쇄한 것은 전쟁 행위였다고 주장하면서, 이 같은 도발에 맞서 네덜란드가 포르투갈이나 스페인 선박을 교전국의 배로 취급할 권리가 있다고 강조했다. 전쟁 중에 적국의 배를 점령하는 것은 불법 행위가 아니라 합법적인 전리품으로 보아야 한다는 이론이었다.

그는 몇 건의 국제적인 분쟁 처리를 통해 자신의 법이론을 가다듬은 후 《바다의 자유 또는 동인도 교역에 참여할 수 있는 네덜란드의 권리》라는 저서를 발표한다. 줄여서 《바다의 자유Mare Liberum》라 부르는 책으로, 해양 자유 및 항해 자유의 원칙을 역사상 최초로 천명하고 있었다. "모든 사람에게는 교역할 권리가 있다"는 그의 주장은 이전에 그 누구도 생각해보지 못한, 대담

하면서 기발한 이론이었다. 그 어떤 국가도 다른 국가가 교역하기 위해 항로를 사용하는 행위를 방해하면 안 된다는 원칙으로, 요약하자면 교역이 이루어지는 바다는 자유롭다는 주장이었다.

휴고 그로티우스의 논리가 등장한 이후 해양 시대의 세계 질서는 재편성된다. 그를 가리켜 국제법의 아버지라 부르는 이유가 여기에 있다. 네덜란드에서는 황금의 17세기를 빛낸 주역 가운데 한 명으로 그를 꼽는다.

바다는 자유롭지만, 곳곳에 위험이 도사리고 있었다. 자연재해뿐 아니라 경쟁국의 무상상선들도 경계 대상이었다. 하멜이 탄 VOC 선박들도 하나같이 총포로 무장하고 있었다. 바타비아에서 지상 근무를 하면서 업무를 익힌 그는 1653년 6월 18일, 포르모사까지 가는 배에 올랐다. 포르모사는 현재의 대만을 의미한다. 근처를 지나가던 포르투갈 선원들이 '아름답다'는 뜻으로 '포르모사Formosa'라 불렀던 데서 연유한 이름이다. 하멜이 방문할 당시 타이난을 비롯한 섬의 남부에 네덜란드가 요새를 건설해 동인도회사의 거점으로 활용하고 있었다. 그 항해는 코르넬리스 케이사르 신임 총독의 부임 길이기도 했다.

약 한 달 걸린 항해를 무사히 완료한 하멜은 신임 총독을 포르모사에 내려주고 하역작업까지 마쳤다. 며칠 뒤 하멜 일행에게 새로운 명령이 떨어졌다. 같은 배를 타고 일본 나가사키에 있는 데지마 상관으로 떠나라는 지시였다. 하멜과 동료들의 운명을 결정한 그 상선의 이름이 '스페르베르'였다.

VOC가 중국에서 얻고자 하는 것은 비단과 생사生絲 그리고 도자기였다. 중국 자기에 대한 네덜란드의 관심은 시간이 지날수록 높아만 갔다. 네덜란드는 1596년 포르투갈인에 고용되어 인도에 갔던 얀 호이헨 반 린스호텐을 통해 중국 자기를 처음 알게 되었다. 그는 비록 중국을 방문한 적은 없지만, 인도의 시장에서 중국 자기의 진가를 목격했다. 베스트셀러가 된《여행기Itinerario》에서 그는 이렇게 극찬할 정도였다.

"중국에서 만들어진 훌륭한 자기를 보고, 그 자기들이 해마다 인도, 포르투갈, 스페인 등 세계 각지로 수출된다는 사실을 알면 선뜻 믿기지 않을 것이다!"

한편 일본에서는 은銀을 확보하는 게 목적이었다. 나가사키에 있는 데지마 상관에 도착해 싣고 간 화물을 일본의 은으로 바꾸면 엄청난 이득을 남길 수 있었다. 원래 16세기까지 일본에서 금과 은의 가치 비교는 1대5~6이었다. 그러다 갑자기 은의 생산량이 늘어나면서 1대10, 17세기 초에는 1대12~13까지 은의 가치가 떨어졌다. 반면 중국의 금과 은 가치는 1대7~8이었고, 동남아시아 일부 지역에서는 오히려 은의 가치를 높게 쳐주기도 했다. 즉 일본과 중국에서 은 가격 차이는 최대 2배, 동남아시아에서는 더욱 큰 차이를 보이는 상황이었으니 네덜란드가 대만과 동남아시아 물자를 일본에다 판 뒤 일본으로부터 은을 가져간다면 양쪽에서 큰 재미를 보는 상거래였다. 일본 학자들에 따르면 17세기 초 일본의 은 수출량은 매년 20만kg에 달할 정도였다.

　하멜 일행 역시 이 같은 희망과 설렘을 안고 나가사키를 향해 다시 떠났다. 바다는 누구에게나 열려 있지만, 그 속내까지는 알 도리가 없다. 심심찮게 고개를 쳐드는 바다의 심술과, 이로 인해 전혀 다른 방향으로 행로를 바꾸는 그 여행의 비밀스러운 목적지가 어디였는지 하멜은 곧 깨닫게 된다.

3장

제주도에 나타난
네덜란드 남자들

Hamel
Odysseia

천둥 번개와 함께 맹렬한 기세로 비바람이 몰아쳤다. 숙소의 창문을 뒤흔드는 바람 소리에 놀라 새벽에 일어나 기상정보를 확인했더니 제주도 일대에 호우주의보가 내려져 있었다. 하멜을 제주도에 데려온 것도 저 무서운 폭풍우였다. 제주도는 아름다운 경관을 자랑하지만, 천사의 얼굴 이면에 무서운 표정을 숨기고 있다. 가장 무서운 것은 먼바다에서 몰려오는 태풍의 날카로운 발톱이다.

공교롭게 목요일이다. 목요일은 네덜란드어로 'Donderdag(돈더르다흐)', 북유럽 신화에 나오는 천둥 번개의 신 토르Thor의 날이란 뜻이다. 영어 Thursday, 독일어 Donnerstag 역시 토르에서 유래한 이름이다. 천둥 번개의 신 토르는 비를 동반하기에 북유럽에서는 전통적으로 농민의 수호신 역할을 해왔다. 농사에서 비가 내리고 물이 공급되는 것은 매우 중요한 문제였다. 하지만 바다에서 생활하는 이들에게 천둥 번개는 늘 두려움의 대상이다. 폭풍우를 몰고 오기 때문이다.

짧은 출장 일정에 마음은 조급했지만 이렇게 비바람이 퍼붓는 날에는 별수가 없다. 그저 뜨거운 커피 한잔 마시며 한 호흡 가다듬는 수밖에. 가방에 챙겨온 《하멜표류기》를 꺼내 천천히 음미하기로 했다. 하멜이 조선에 상륙한 운명의 그날인 1653년 8월 16일의 기록을 다시 읽어본다.

15분도 되지 않는 사이에 그렇게 아름답던 배가 난파선으로 변하고 선원 64명 가운데 36명만 살아남았다. 우리는 매우 낙담해서 서로를 쳐다볼 뿐이었다.

그가 '그렇게 아름답던 배'라 묘사한 선박의 이름은 스페르베르 Sperwer, 네덜란드어로 '새매'라는 뜻이다. 새를 잡는 매처럼 빠른 속도로 바다를 건너길 바라는 마음으로 이름을 지었겠지만, 아무리 재빠른 새 매라도 무시무시한 폭풍우 앞에서는 무용지물이었다. 항로를 멀리 벗어난 배는 닷새 동안 표류한 끝에 제주도 앞바다에 난파되었다. 난파한 배에서 바다 위로 떨어진 하멜은 돌진해 오는 거대한 파도 밑으로 몇 번이나 깔렸다가 죽기 살기로 헤엄쳐 간신히 육지에 닿았을 것이다.

대만에서 출항한 직후 시작된 풍랑이 점차 무서운 폭풍우로 변했다는 하멜의 기록과 조선의 역사기록, 8월 중순이라는 사고 시기 등을 종합해 볼 때 그들은 아마도 태풍을 만난 듯하다. 중국 남부의 뱃사람들이 지닌 경험과 지식을 집대성해 항해용 교본으로 만든 《지남광의指南廣義》라는 교본에도 이 시기에 태풍이 많이 발생한다고 적고 있다.

바람이 크고 거센 것을 구颶(폭풍)라 하며 그 정도가 심한 것을 태颱(태풍)라고 한 다. (중략) 2월에서 5월에는 구가 많고, 6월에서 9월에는 태가 많이 발생한다.

이 책은 18세기에 나왔으니 하멜이 제주도에 왔던 17세기 중반에는 아직 존재하지 않았다. 하멜 역시 자신의 운명을 바꾼 태풍이란 단어조차 모르고 있었다. 난파 사고로 발생한 28명의 사망자 가운데는 암스테르담 출신의 선장 레이니어 에흐베르스도 포함되어 있었다. 악천후 속에서 기적적으로 살아남은 36명의 네덜란드 선원들은 선장을 비롯한 동료들의 시신을 제주도 해안가에 매장했다.

인생의 앞날은 아무도 모른다. 마르코폴로가 말하던 '지팡구'의 나라 일본 나가사키에 도착할 줄 알았던 하멜은 한 번도 본 적 없고 들어본 적조차 없는 조선이라는 나라의 낯선 섬에 표착했다. 부푼 꿈을 안고 출항했던 상선은 난파되고, 일행을 이끌던 선장도 목숨을 잃었다. 선장이 숨졌다는 것은 리더를 잃었다는 뜻이다. 살아남은 자들은 살아남은 자대로 슬퍼할 겨를도 없이 살길을 찾아야 했으니, 인생의 비정함을 더 말해 무엇할까?

길을 잃으면 지금 어디에 있는지, 좌표를 아는 게 급선무다. 등산하다 길을 잃었을 때 가장 위험한 행동 중의 하나가 '링반데룽Ringwanderung' 이라고 한다. 반지처럼 둥근 원을 빙글빙글 돌아 원점으로 돌아오는 행위를 뜻하는 독일어로, 이미 국제화된 산악용어다. 링반데룽을 방지하려면 좌표 파악이 우선이다. 표착 이틀 뒤 하멜 일행 중 한 명이 마침내 자신들의 위치를 측정하는 데 성공했다.

> 그날 오후 일등 항해사가 위도를 측정해 보고는 우리가 북위 33도 32분에 있는 퀠파르트 섬에 있다는 것을 알아냈다.

일등 항해사는 암스테르담 출신의 헨드릭 얀스였다. 하멜이 묘사한 퀠파르트 섬이란 어디일까? 1642년경 제주도 근처를 항해했던 네덜란드 선박 이름인 'Quelpart de Brack'에서 유래된 말로, 이후 서양에서는 제주도를 퀠파르트라 불렀다. 17세기 네덜란드어 발음으로는 '쿠웰빠르츠'였다고 한다. 선박이 난파된 상황에서 어떤 도구로 관측했는지는 모르겠다. 약간의 오차는 있을지언정 비교적 근접한 위치 파악이었다.

3의 법칙

태풍을 만났던 하멜은 구사일생으로 목숨을 건졌다. 그러나 그것은 길고 긴 고난의 시작이었을 뿐이다. 앞으로 그의 인생에는 훨씬 너 무시무시한 폭풍들이 아가리를 벌리고 있었지만, 그는 아직 아무것도 모르는 상황이었다. 난파선에서 빠져나온 뒤 사력을 다해 헤엄쳐 간신히 제주도 해안에 닿은 하멜은 기진맥진한 상태였다. 악천후로 인해 사흘 동안 선상에서 굶었던 터라 배고픔과 갈증마저 극심하게 몰려왔다. 날이 밝아오자 하멜은 살아남은 일행과 함께 선박의 잔해에 혹시 남아있을지도 모르는 식량을 찾아 나섰다.

전문가들은 야외에서 비상 상황에 노출되면 '3의 법칙rule of three'을 기억하라고 충고한다. 항공기가 비상착륙하게 될 때 기장은 3분마다 1,000피트씩 하강한다. 지나치게 빨리 내려가면 기내 압력에 적응하지 못해 승객들이 고통을 받거나 다칠 수 있기 때문이다. 하멜처럼 야외에서 극한 상황에 노출될 때 생존 가능성도 3이란 숫자에 따라 달라진다. 산소 없이 3분을 버티기 힘들고, 여름철 뙤약볕에서 가리개나 그늘 없이 버틸 수 있는 시간의 한계는 3시간이다. 물 한 방울 없이 생존 가능한 시한은 3일, 음식 없이 견딜 수 있는 시한은 최대 3주다. 하멜 일행은 다행히 몇 가지를 발견해냈다.

> (난파선에서) 우리는 밀가루 한 포대, 고기와 베이컨이 조금 든 상자 하나, 그리고 포도주 한 통을 발견했다. 포도주는 부상자들에게 유익한 것이었다.

여기서 흥미로운 것은 포도주에 관한 하멜의 언급이다. 치즈와 함께 포도주는 대항해시대 네덜란드 선원들의 필수품이었다. 최소 몇 달씩 걸리는 장거리 항해 과정에서 포도주는 단순히 술이 아니었다. 장기간 바다 위에서 생활해야 하는 사람들에게 포도주는 물을 대신하기도 했고, 적절한 영양분도 공급해주었다. 프랑스 출신의 저명한 생화학자 루이 파스퇴르가 '포도주는 가장 신성하고 위생적인 음료'라 강조했던 것처럼 포도주는 장기간의 항해에서 가장 안심할 수 있는 음료였다.

현대사회에서 포도주는 '제3의 음료'로서도 매우 중요한 기능을 한다. 첫 번째 음료는 당연히 물, 인간의 생명에 필수적이다. 두 번째는 커피 혹은 차, 카페인이 들어간 음료다. 세 번째가 바

태풍을 만나 표류하다 제주도 상륙하는 하멜 일행.
대만에서 나가사키로 가던 배가 태풍으로 난파된 뒤 제주도에 도착한 1653년 8월 16일의 모습. 네덜란드에서 출간된 하멜 여행기 초판에 실린 삽화이다.

로 포도주, 혼자 마시기도 하지만 주로 다른 사람들과 함께 마신다. 나누면 나눌수록 더 기분이 좋아지는 음료가 바로 포도주다. 레스토랑에서 판매하는 포도주병의 스탠다드 용량을 750ml로 정한 것은 의미가 있다. 보통은 혼자서 마시기 부담스럽고 두세 명이 나눠 마시기 적당한 양이기에 '사회적인 음료'라 부를 만하다. 반면 커피는 회의할 때나 친구를 만날 때 즐기기도 하지만, 아침에 일어나 집중력을 높이기 위해 혹은 혼자 작업하다가 마실 때가 많으니 혼자만의 음료로 적합하다.

커피와 포도주는 하멜이 소속된 VOC의 주요 무역상품이었다. 특히 커피는 1616년 VOC 소속 피터르 반 데어 브뤼케Pieter van der Broeck라는 사람이 모카 항에서 커피 묘목을 몇 그루 몰래 빼내 암스테르담 온실에 옮겨심은 일화로 유명하다. 그는 황금의 17세기를 풍미한 유명 화가 프란스 할스가 그린 '피터르 반 덴 브뤼케의 초상화'의 주인공으로 등장할 정도로 부유한 상인이었다.

커피의 시장성에 주목한 VOC는 17세기 말인 1696년 인도네시아 자바섬에 커피 농장을 조성하면서 '자바Java 커피' 시대의 문을 열었다. 자바는 VOC의 바타비아 해외본부가 있던 섬이다. VOC는 수마트라, 셀레베스, 티모르 등 인도네시아와 인근 지역에 커피 플랜테이션을 조성한 뒤 주력상품으로 유럽에 가져감으로써 막대한 수익을 냈다. 이렇게 시작된 인도네시아의 커피 재배는 300년 이상 계속되며 현재 세계 4위 커피 생산국으로서 명성을 잇고 있다. 컴퓨터 프로그래밍 언어 중 하나인 '자바'라는 명칭이 개발자가 즐겨 마시던 자바 커피에서 비롯되었음은 널리 알려진 사실이다.

《하멜표류기》에는 포도주에 관한 언급은 두 차례나 있지만, 커피에 관한 기록은 없다. 당시 유럽인들에게 점차 유행처럼 퍼져 나가던 커피를 하멜은 아직 경험해보지 못했던 것일까? 다만 차茶는 조선에서 마실 기회가 자주 생긴다.

태풍과 함께 온
최초의 포도주

그나저나 낯선 용모의 이방인 36명이 해안에 오르는 모습을 처음 목격한 제주도 사람들의 충격도 만만치는 않았을 것 같다. 17세기 중반에 노란 머리에 푸른 눈의 소유자들이 떼를 지어 나타났으니 혹 외계인으로 생각하지 않았을까?

이에 앞서 네덜란드 사람들을 처음 접한 남중국 해안가 사람들의 반응을 보면 당시 제주도 사람들이 느꼈을 심정을 얼마간 가늠할 수 있다. 중국인들은 네덜란드인을 '홍마오紅毛'라 부르며 극도의 두려움을 표시했다. 붉은 머리카락의 소유자라는 뜻이다. 이전에 접했던 포르투갈 사람들은 대체로 검은 머리카락이었기에 공포감이 덜했다. 그런데 노랗고 붉은색에 가까운 머리카락을 가진 서구인들은 이전의 포르투갈 사람들보다 체구가 훨씬 더 크고 힘도 더 강해서 더 두려운 대상이라 생각했던 듯싶다.

시간이 얼마쯤 지났을까? 무기를 든 제주도 병사들이 하멜 일행을 포위해왔다. 하멜은 일등 항해사, 하급 선의 등과 함께 일행을 대표해 앞으로 나갔더니 병사들이 갑자기 자신들의 목에 쇠사슬을 채웠다고 기록하고 있다. 그 쇠사슬에는 방울이 달려서 마치 양이 움직일 때처럼 방울 소리가 났다고 하멜은 자조적으로 표현했다. 죽음의 공포감이 밀려온 순간이다.

절체절명의 위기 상황에서 임시 리더 하멜이 취한 행동은 놀랍다. 자신들을 잡으러 온 현장 지휘관 두 명에게 서양의 망원경을 내어준 것이다. 망원경은 네덜란드어로 관측을 뜻하는 '키케르kijker'라 불렀다. 네덜란드로 이주한 독일 출신 안경업자 한스 리퍼세이가 1608년에 발명한 최신 문명기기였다. 1650년대 후반에는 크리스티안 하위헌스가 망원경 개량을 통해 토성의 고리를 발견할 정도로 17세기의 네덜란드는 광학과 과학 분야에서 괄목할 진전을 이루고 있었다. 바다 위에서 공격과 납치가 빈발하던 대항해시대에 먼바다의 해상에서 물체와 동향을 먼저 볼 수 있다는 것은 그만큼 항해의 안전과 생존 확률을 높여주었다. 그 소중한 망원경을 조선 측에 건넸다는 것은 당시의 상황이 절박했다는 의미다.

난파한 배 안에는 어떤 물건들이 실려 있었을까? 강준식이 쓴 《다시 읽는 하멜표류기》에는 조선 시대 성해응이 쓴 《연경재전집》을 인용하면서 그 안의 하멜 관련 기록을 소개하고 있다. 네덜란드 배에서는 모두 50여 종의 물건들이 발견되었다고 한다.

일본 은銀 600냥과 유리루, 해의 각도를 측정하는 둥근 기구, 천리경, 유리경, 운모창雲母窓, 동과 주석 그리고 은을 많이 섞어 만든 그릇들이 포함되었다. 유리루는 모래시계, 천리경은 망원경, 유리경은 안경 혹은 유리 거울, 운모창은 색유리를 뜻한다.

난파선 안에는 대포, 중포, 조총, 창 등 무기들도 탑재되어 있었다. 하멜이 건넨 망원경을 조선에서는 '천리경'이라 표현하고 있다. 조선사람들에게도 망원경은 당연히 놀라운 기기였다. 반면 대만 총독이 바타비아의 동인도회사 본부에 보낸 서한에 따르면 이 상선에는 목향, 명반, 용뇌, 대만 녹비, 영양 가죽, 산양 가죽, 설탕가루 등이 들어있었다.

망원경 선물 이후 하멜의 행동은 더 놀랍다. 8월 19일 《하멜표류기》 기록을 마저 읽어보자.

포도주와 바위틈에서 발견한 동인도회사의 은銀 술잔도 함께 가지고 갔다. 그들은 포도주 맛을 보더니 맛있는지 아주 많이 마셨고, 매우 행복해했다. 우리의 상급 선원들에게 깊은 우호감을 나타냈으며 은 술잔도 되돌려 주었다.

상급 선원들이란 하멜을 비롯한 임시 지도부를 뜻한다. 《하멜표류기》에서는 선장이 숨진 뒤 일행을 실질적으로 이끈 특정 인물을 부각하지 않았다. 이 책이 여행기가 아닌 보고서였다는 장르의 특성, 그리고 겸손하며 자기 자신을 잘 드러내지 않는 그의 성격 때문이다. 하지만 하멜은 배에서 장교에 해당하는 서기 직책이었으므로 제주에 도착한 직후부터 무리를 대표했다.

당시에는 포도주를 유리 글라스가 아닌 다른 재질의 술잔에 마셨고, 특히 중요한 인물일 경우 은銀 술잔에 따라줌으로써 존중의 마음을 표했다는 사실을 위의 언급으로 알 수 있다. 서로 말이 통하지 않는 상황에서 하멜은 조선의 현지 책임자 두 명에게 포도주를 건네며 뭐라고 했을까? '건배'라는 말은 당연히 알지 못했고, '원샷'이란 말을 했을 리도 만무하다. 아마도 "프로스트!"를 힘차게 외치지 않았을까? 네덜란드어 '프로스트proost'는 독일어 프로스트Prost와 마찬가지로 '건배'를 의미한다.

포도주는 참으로 신비한 빨간색 물이었다. 분명 술의 한 종류이지만 포도주는 언어가 통하지 않는 사람들이 처음 대면했을 때 단순한 술이 아니었다. 유럽인들에게 오랫동안 소통의 중요한 도구이자 문화생산자 역할을 해온 것처럼, 낯선 이민족 사이에서도 포도주는 훌륭한 가교가 되어주었다. 마치 자동차의 엔진 오일처럼, 포도주는 극한의 위기 상황에서 상호 공포감과 긴장을 누그러뜨려 주는 윤활유 역할을 했다. 포도주를 통한 하멜 일행의 순발력 있는 대처방식은 곧장 효력을 발휘했다.

포도주와 전통 소주의 만남

하멜이 가져온 서양 포도주를 최초로 마신 영예의 주인공은 누구였을까? 조선의 공식기록에는 아쉽게도 포도주 관련 언급이 전혀 없다. 왕조 중심의 역사에만 익숙해진 탓에 이 빨간색 음료가 갖는 의미를 전혀 눈치채지 못했기 때문이리라. 《효종실록》에 따르면 당시 현장에 파견된 지휘관은 판관 노정과 대정현감 권극중이었다. 판관은 제주목사 다음의 서열 2위이며, 대정현감은 하멜이 도착했던 지역인 대정현 지역 책임자였다. 이런 정황을 두루 고려해볼 때 하멜 일행으로부터 최초로 포도주를 받아 마신 영예의 주인공은 노정과 권극중, 두 사람으로 추정된다. 하멜이 조선에 최초의 와인을 선물했다면, 조선은 하멜에게 무엇을 주었을까? 《하멜표류기》의 기록을 조금 더 읽어보자.

　지휘관은 우리에게 아락을 한 잔씩 따라주게 하고 우리를 텐트로 돌려 보냈다. (중략) 한 시간쯤 후에 우리에게 쌀죽을 조금 가져다주었다. 우리가 너무 굶주렸기 때문에 갑자기 먹을 것을 많이 주면 배탈이 날 수 있다고 생각한 모양이었다.

하멜이 조선에서 경험한 첫 번째 술 아락은 어떤 술일까? 독한 증류주인 전통 소주燒酒를 말하는 것으로 지금 우리가 마시는 희석식 소주燒酎와는 한자 표기부터 다르며 만드는 법도 다르다. Arak 혹은 Araq 등으로도 표기되며, 중국의 옛 문헌에는 '아라길阿剌吉'이란 한자로 번역되거나 이의 변형인 aliqi阿里乞로 음역된 적도 있다. 아랍권 사람들은 증류기로 만들어낸 액체를 아락이라 불렀는데 '땀'이라는 뜻이었다고 한다. 땀처럼 흘러나오는 증류주 방식이 몽골로 전해져 제국의 영향력 아래에 있는 나라들에 널리 퍼졌다.

케임브리지 대학교 출판부에서 《소주의 세계사Soju: A Global History》를 출간한 박현희 뉴욕시립대 교수에 따르면, 아락은 1375년 고려 역사에 처음으로 등장하며 몽골제국으로부터 유입된 것으로 추정된다. 고려 말의 유학자 이색의 시 한 편에는 소주가 아닌 '아라키주'라는 명칭을 사용하며 술이 물방울로 얻어지는 것이라 묘사하고 있었다. 《고려사》에는 최영 장군의 휘하에 있던 김진이란 사람이 소주를 너무 좋아한 나머지 전투 준비를 게을리하고 소주만 즐기다가 좌천된 이야기가 등장하고, 소주를 비단 등 다른 사치품과 함께 금한다는 금령禁令이 나올 정도로 사람들에게 인기였다고 박현희 교수는 말한다.

고려에 이어 조선 시대에는 '아락' '아랑' '아래기주' '아락술' 등 지역마다 다른 이름으로 표기되는데 모두 같은 방식으로 만든 전통 소주를 의미한다. 1636년 청나라는 조선에 '아랑주阿郎酒' 두 병을 보내려고 하면서 병자호란 때 인질로 끌려간 소현세자에게 그 반응을 물어보기도 했다. 아랑주 역시 조선에서 사용된 아락의 음역일 가능성이 높다. 근대화 과정에서 희석식 소주가 등장하기 이전까지 한반도에서 만들어진 소주는 증류주인 소주燒酒였다. 제주도는 고려 시대에 몽골의 영향을 많이 받았던 때문인지 혹은 발효주가 만들어지기 힘든 자연조건 때문인지 일찍부터 아락이라는 이름의 소주가 널리 보급되었다.

"물은 사람과 사람 사이를 갈라놓지만, 술은 사람과 사람을 가깝게 만든다." 애주가들 사이에 전해져 오는 금언처럼, 음식과 술은 소통의 훌륭한 매개체다. 때로는 언어보다 비언어적 표현이 더 중요할 수도 있다.

하멜은 조선에 첫 포도주를 선물하고, 조선은 하멜 일행에게 전통 소주를 한 잔씩 따라주었다. 하멜은 당시에 미처 의식하지 못했겠지만, 이것은 독일 학계가 강조하는 '일상의 역사Alltagsgeschichte'라는 관점에서 볼 때 매우 의미 있는 사건이었다. 왕조 중심의 조선 공식기록에서는 찾아볼 수 없지만, 하멜의 기록을 통해 알게 된, 역사의 중요한 장면이었다.

포도주는 유럽 문화의 상징, 소주는 한반도 생활문화의 아이콘이다. 시각을 넓히면 소주는 대륙 세력을 의미하고 포도주는 해양 세력의 상징이다. 포도주와 소주의 교환, 그것은 동東과 서西를 잇는 극적인 사건이었으며, 대륙 세력과 해양 세력이 한반도에서 맞대면하는 역사적 순간이었다.

하멜이 도착한 제주도의
정확한 지점은?

책을 읽으며 하멜의 인생을 되돌아보는 사이 비바람이 물러가고 제주도 하늘은 거짓말처럼 화창한 얼굴을 드러냈다. 하멜이 경험했던 세주노의 하늘도 그러했으리라. 서둘러 하멜의 자취를 찾아 나서기로 했다. 하멜 일행이 제주도 해안에 도착한 지점은 어디였을까?

먼저 제주 서귀포시 안덕면 사계리 '용머리 해안'으로 향했다. 산방산 자락에서 해안가로 뻗어 나간 모습이 용의 머리 형상이라고 해서 붙여진 이름이다. 층층이 쌓인 사암층 암벽이 파도에 깎여 장관을 이루고 있어 CF와 영화의 촬영장소로 사랑받는 곳이며 늘 관광객들로 붐비는 명소다. 그 산방산 언덕에 1980년 하멜 기념비가 세워졌다.

용머리 해안 한쪽에는 하멜 일행이 타고 왔던 범선 스페르베르를 재현한 모형이 우뚝 서 있다. 2003년에 전시관을 겸해 개

관한 모형 상선이다. 돈을 벌어 반드시 성공하고 싶었던 하멜의 열정이 담긴 배, 죽음을 각오할 만큼 그 열정은 간절하고 뜨거웠다. 뱃머리에 큼지막하게 새겨진 'De Sperwer(스페르베르 호) 하멜 상선 전시관'이라는 글씨가 시선을 잡아끌었다. 스페르베르 글씨 위에 새겨진 VOC 모노그램은 하멜이 동인도회사의 직원이라는 것을 말해준다. 북학파였던 이덕무가 쓴《아정유고雅亭遺稿》에 따르면, 하멜이 탔던 선박 스페르베르 호는 길이가 91m, 두께는 0.6m인 1,000톤급 선박으로 추정된다.

바다는 누구에게나 두려운 곳이다. 따라서 무역을 하는 사람이든 군인이든 심지어 피도 눈물도 없는 무시무시한 해적들조차 수호신의 존재는 절실했다. 무적함대라던 스페인 선박들도 대양으로 나갈 때는 늘 마리아상을 소중하게 챙겼고, 왜구는 무운武運의 수호신 하치만 대보살八幡大菩薩의 깃발을 내걸었다. 용왕신, 관세음보살, 항해신 마조媽祖 등 지역마다 민족마다 종교마다 서로 다른 신과 신상을 모시고 있었다. 선장실에 작은 제단을 마련하거나 그림이 그려진 형상을 걸어놓고 아침저녁으로 지폐를 붙이며 안전한 항해를 간절히 기원했다.

VOC 선박들도 마찬가지였다. 항해의 안전을 기원하는 뜻에서 범선의 선수船首에 목조상 장식을 했다. 네덜란드가 처음 일본과 교류를 시작했던 히라도의 네덜란드 상관 박물관에 가보면 나가사키현 유형 문화재로 지정된 두 개의 목조상이 전시되어

제주 용머리 해안가에 설치된 스페르베르 호 모형 하멜 상설전시관.
하멜이 타고 왔던 스페르베르를 재현한 이 배의 선두에는 동인도회사의 로고인 VOC 모노그램
이 선명하게 박혀있다.

마스크를 쓴 하멜.
코로나-19 시국에 찾은 제주 용머리 해안가 하멜의 동상에 누군가 마스크를 씌워 놓았다.

있다. 하나는 피리를 불고 있는 모습이고 또 다른 하나는 망원경과 서적을 든 목조상이다. 해난사고를 막고 안전한 항해를 기원하는 의미에서 그 수호신 목조상들을 뱃머리에 장식했다고 한다. 용머리 해안에 있는 하멜이 탄 배의 모형을 유심히 살펴보니 황금빛 수호신 목조상들이 뱃머리를 장식하고 있었다.

간절한 기원에도 불구하고 동인도회사는 많은 선박을 재난 사고로 잃었다. 연구자에 따라 통계가 조금씩 다른데, 해양 고고학자들의 학술단체인 'MAARER'에 따르면, VOC가 공식적으로 막을 내리던 1799년까지 약 200년 동안 잃어버린 선박은 무려 734척이나 되었다고 한다. 대항해에 도전한다는 것은 문자 그대로 벤처 비즈니스였다. 하멜이 탔던 스페르베르도 VOC가 잃어버린 배들 중 하나였다.

그 불운했던 스페르베르 모형 주변을 돌아보며 사진 몇 장 찍은 뒤 바닷가 쪽으로 걸어갔더니 상선 앞 벤치에 누군가 앉아있었다. 이 책의 주인공 헨드릭 하멜이었다. 팬데믹 시대의 한복판이어서 하멜도 마스크를 쓴 차림으로 나를 기다리고 있었다. 평생 고난이라는 이름의 파도와 맞서야 했고 살아남기 위해 분투했던 그가 제주도에서 마스크를 쓴 채 앉아있는 모습을 보자니 또 한 편의 시대 풍자극을 보는 듯 묘한 감회가 몰려왔다.

하멜 일행의 표류 장소가 용머리 해안이라는 것이 오랜 정설로 여겨졌다. 그런데 이익태가 쓴 《지영록》이 발견되면서 새로

1694~1696년에 제주목사를 지낸 이익태의 저서 《지영록》 원본 사진.
2002년 이익태의 후손이 기증해 현재 제주박물관이 소장하고 있는 이 책은 17세기 제주 역사
를 파악하는 데 중요한 기록이다.

운 주장이 나왔다. 이익태는 1694~1696년에 제주목사를 지낸
인물로, 부임할 때부터 상세한 기록을 남겼다. 그 기록인 《지영
록》은 17세기 제주 역사를 파악하는 데 중요한 기록으로 평가된
다. 제주목에 있던 서류들은 화재로 대부분 소실되었지만, 이익
태의 후손이 2002년 국립제주박물관 개관에 맞춰 제주도에 《지
영록》을 비롯한 자료와 유물 300여 점을 기증함으로써 몇 가지
중요한 역사적 사실이 새롭게 밝혀졌다.

이 기록에 따르면, 난파 사고 장소는 "대정현 지방 차귀진 밑
의 대야수 연변"이며, 당시 "서양국 만인蠻人들이 옷 입은 것은
검정, 흰색, 빨강의 세 가지 색이 서로 섞였다"고 적고 있다. 어

기에 묘사된 대야수는 어디일까? 18세기에 만들어진 탐라순력도에 따르면, 고산리의 남쪽 해안을 '대야수'라는 이름으로 표기하고 있다. 고산리 수월봉 남쪽 해안을 '대물'이나 '큰물'로 부르고 있다는 점에서도 대야수와의 연관성을 찾을 수 있다. 즉 하멜 표류 장소는 용머리 해안이 아니라 서귀포시 대정읍 신도2리 해안이라는 것이다.

신도2리 해안은 모슬포가 있는 제주도 서쪽이고, 스페르베르 상선 모형이 서 있는 곳은 제주도 남서쪽이어서 약간의 지리적 차이가 있다. 자동차로 약 30분 떨어진 거리다. 2017년 신도포구 쪽 해안가에 마을 사람들의 주도로 '하멜 일행 난파 희생자 위령비' 제막식이 열리기에 이르렀다. 그곳에 소박하지만 제법 큰 비석으로 만든 '난파 희생자 위령비'가 세워져 있었다. 위령비 아래의 설명문을 읽어보았다.

이에 늦게나마 구천을 떠도는 28명의 원귀鬼鬼들을 위로하고자 그 뜻을 같이하는 모든 분들의 마음과 정성을 합하여 이 위령비를 건립하였다.

위령비 옆 해안가를 따라 구멍이 숭숭 뚫린 현무암으로 만든 신비한 돌조각들이 세워져 있다. 해변에는 텐트를 치고 야영하는 가족들도 보인다. 지극히 평화롭고 아름다운 풍경이다. 그러나 제주도에 도착한 하멜이 처음 바닷가에서 야영해야 했던 상황은 지금처럼 평화롭지 않았다. 첫날 밤부터 그는 죽음의 공포에 떨어야 했다.

제주는 하멜이 도착하기 이전부터 해안을 따라 견고한 방어체계를 갖추고 있었다. 자주 출몰하는 왜구 때문이었다. 제주 해안 주요 지역에 있는 환해장성, 오름 정상의 봉수, 해안에 설치된 연대, 방호소로 구축한 진성 등은 조선 시대의 방어체계를 잘 보여주는 유적들이다. 산악을 연결하는 봉수는 총 25봉수, 해안선을 연결하는 통신 연락시설인 연대로는 모두 38연대가 있었다. 화북진, 조천진, 별방진, 애월진, 명월진, 차귀진, 모슬진, 서귀진, 수산진 등 9개 진이 있었으며 진마다 성을 쌓아 방호소로 삼았다. 올레길 혹은 한라산 둘레길을 걷다가 발견하게 되는 제주의 방어 시설 유적들이다.

그 38개 해안가 연대를 통해 이방인이 도착했다는 사실이 방어 책임자에게 알려졌고, 무기를 장착한 한 무리의 병사들이 현장으로 비상출동했다.

제주도에서 맞은
스물세 번째 생일

1653년 8월 20일. 이날은 하멜이 제주도에서 맞은 포로 생활 나흘째이며, 그의 스물세 번째 생일이었다. 자신이 앞으로도 열세 번의 생일을 한반도에서 더 맞이하게 되리라는 사실은 꿈에서조차 떠올리지 못했으리라. 다음날 하멜 일행은 난파된 장소에서 제주목사 앞으로 이동하라는 명령을 받는다. 걸을 수 있는 자는 걷고 부상자는 말에 태워서 호송했다. 제주도 서남쪽 해안가에서 대정 마을을 거쳐 제주시 중심까지 가는 여정이었다.

하멜이 끌려온 곳은 관덕정 광장이 있는 제주목濟州牧 관아다. 지금은 제주시가 크게 확장돼 행정 및 사법기관들이 다른 곳으로 이전했지만, 관덕정과 그 주변은 탐라국 시대 이래 주요 관청이 모여 있어 오랫동안 제주 역사의 심장 역할을 해왔던 원도심이다. 조선 시대 제주는 제주목을 중심으로 대정현과 정의현 등세 곳으로 행정구역이 나뉘어 있었다. 제주목사는 제주목의 업

제주목 관아.
하멜이 포로가 된 지 나흘 만에 끌려와 심문을 받던 제주목 관아. 제주목 관아와 관덕정 주변은
탐라국 시대 이래 오랫동안 제주의 심장 역할을 해왔던 원도심이다.

무뿐 아니라 대성현과 정의현을 감독하는 전라도 관찰사의 임무
까지 넘겨받아 다른 지방의 수령보다 권한이 컸다.

하멜 일행이 끌려와 심문받던 곳에는 관덕정만 옛 모습을 유
지하고 있을 뿐 홍화각, 연희각, 우련당, 귤림당 등 관아시설 건
물들은 2002년에 복원된 것들이다. 관덕정의 관덕觀德은 《예기》
에 나오는 글귀 '사자소이관성덕야射者所以觀盛德也'에서 유래했다.
'활을 쏘는 것은 높고 훌륭한 덕을 보는 것이다'라는 뜻으로, 그
유래처럼 군사들의 활쏘기 연습 장소로 이용되었으며 과거시험
과 각종 진상을 위한 봉진 행사도 진행하던 곳이다.

제주의 옛 행정중심지 관덕정 앞에는 현재 돌하르방이 우뚝
서 있다. 돌하르방은 근래에 생긴 명칭이고 이전에는 우석목, 무

석목, 옹중석, 벅스머리 같은 재미있는 이름으로 불리었다. 육지의 장승처럼 수호신 혹은 경계 표시 등 주술적이고 종교적 기능과 유사한 역할을 했을 것으로 추정된다. 현재 제주에 남아있는 원래의 돌하르방은 47기인데, 이방인 하멜의 눈에 비친 하르방은 공포의 대상이었으리라. 하멜은 곧 죽을지도 모른다는 극심한 공포감에 떨었다고 고백한다.

눈에 보이는 총이나 병기는 물론 그들이 가지각색으로 차려입은 옷 모양까지 모두 무섭게만 보였다. 약 3,000명의 무장병이 그곳에 서 있었다.

하멜과 동료들은 앞으로 끌려나가 무릎이 꿇린 채 땅에 엎드려 있어야 했다. 대청마루 위에 누군가가 앉아있었다. 제주목사 이원진이었다. 한 번에 네 명씩 끌려나가 차례차례 심문을 받았다. 언어는 통하지 않았지만, 손짓과 발짓 몸짓 등 가능한 모든 것을 동원해 일본의 나가사키로 가는 길이었다는 의사를 전달했다. 제주목사는 하멜 일행의 표류에 즈음한 그곳의 상황과 직접 만나 심문한 내용을 조정에 급히 보고했다. 《효종실록》에는 이원진이 바라본 하멜 일행의 인상이 적혀있다.

눈이 파랗고 코가 높고 머리가 노랗고 수염이 짧습니다. 구레나룻을 깎고 콧수염만 남겨놓은 자도 있습니다. 웃옷이 길어 넓적다리까지 내려오고 옷자락이 네 겹으로 갈라졌으며, 옷깃이 옆에 붙어있고, 소매는 짧습니다. 아랫도리는 주름이 잡혀있고 치마처럼 보입니다.

의사소통은 어려웠지만, 하멜 일행이 길리시단吉利是段인지, 즉 크리스천(기독교도)인지 묻기도 했다. 하멜 일행은 낭가삭기郎可朔其로 가고 싶다고 말했다. 나가사키로 향하던 중 배가 난파되었다는 정보를 주고받은 것이다. 하멜은 제주목사 이원진을 '사리를 잘 판단할 수 있는 사람'이며 말은 잘 통하지 않아도 시간이 지나면서 네덜란드 단어로 이것저것 질문을 하고 무언가를 메모하고 있었다며 호의적인 평가를 하고 있다. 이원진은 제주에 오기에 앞서 동래부사를 역임해서, 일본은 물론이고 서양 소식에 대해 전혀 무지한 사람은 아니었다. 하멜의 기록과 이원진의 보고 내용은 대체로 일치한다. 이와 관련해 이익태의 《지영록》은 매우 흥미로운 심문 장면을 소개하고 있다.

> (하멜 일행에게) 글로 써서 물으니 X자 셋에다 나머지 6을 세고는 자기 가슴에 고개를 숙였고, 또 X자 둘을 그리고 6을 그리고는 눈을 감고 쓰러지는 시늉을 하였다.

여기서 X자는 로마숫자로 10을 의미한다. 'X자 셋에다 나머지 6'은 살아남아 제주도에 올라온 자 36명을 뜻하고, 'X자 둘과 6

을 그린 뒤 눈을 감고 쓰러지는 시늉'이란 익사자 26명을 의미한다. 나머지 병사자 2명까지 합하면 정확한 기록이다. 언어가 통하지 않는 상황에서 네덜란드 선원들과 제주도 관리들 간에 주고받은 몸짓 대화body language가 생생히 전달되는 듯하다.

외국인에 대해 호기심이 많은 제주목사 덕분이었을까? 혹은 빨간색 신비한 물 포도주가 효력을 발휘한 것일까? 하멜 일행의 숙소로 배정된 곳은 뜻밖에도 이전까지 왕이 살던 곳이었다. 정확하게는 왕이었다가 쫓겨나 제주도에서 유배형을 살던 광해군의 거처였다. 여행자를 위한 숙박시설이 마땅치 않던 17세기 제주도에 36명의 서양 남자들을 동시에 수용할 수 있는 공간 선택의 폭이 제한적이었겠지만, 파격적인 조치인 것만은 분명했다.

광해군의 집에서
제주도 1년 살기

섬은 낭만인가 아니면 감옥인가? 단순히 관광을 위해 오는 사람도 있지만, 내면의 아픔을 간직한 이들이 제주도를 자주 찾는다. 실연, 사별, 이직, 퇴임, 건강회복, 번아웃…. 개인적인 아픔을 잊고 다시 시작하기 위한 치유의 공간으로서 제주도를 선택하는 사람들이 유독 많은 듯하다. 곶자왈의 자연림과 사려니의 깊은 숲, 360개에 이르는 다양한 오름은 그 자체로 지친 마음과 육체를 단련시켜주기에 충분하다.

다만 육지의 눈으로 보면 근대 이전의 제주도는 절해絕海의 고도孤島였다. 험한 바다로 단절되었다는 의미이며, 임금이 머무는 곳에서 가장 먼 지역이라는 뜻도 포함됐다. 섬이라는 고립성과 폐쇄성이 더해지면서 추방과 격리의 형벌을 내리는 최적의 장소라는 의미에서 원악도遠惡島라 불리기도 했다. 몽골족의 원나라가 고려를 침략하고 삼별초를 정벌한 직후 제주를 직할지로 삼아

죄수들을 보내면서 유배지로서 제주의 역사가 시작된다. 일반 죄인은 물론이고 관리나 승려, 심지어 왕족까지 그곳으로 유배를 보냈다. 본격적인 유배지로 제주도가 이용된 것은 조선 시대였다. 조선 500년 동안 200여 명이 제주도로 유배를 왔는데, 이는 전국에서 가장 많은 유배 1번지였다는 뜻이다. 정치범을 보내 철저하게 고립시키는 절도안치絶島安置의 장소로도 활용되었다.

제주도에 정치범으로 왔던 사람들 가운데 추사 김정희와 더불어 널리 알려진 인물이 광해군이다. 그는 집 주위를 가시가 많은 탱자나무로 둘러쳐서 그 안에 가두는 위리안치圍籬安置형을 선고받았다. 한때 만인의 위에 있는 임금이었지만, 권력의 자리에서 내려온 뒤 누구보다도 쓸쓸한 처지로 전락해 제주에서 4년여를 보냈다. 그리고 제주의 환상적인 바다와 아름다운 오름조차 제대로 즐기지 못한 채 외롭게 생을 마감했다. 하멜 일행이 도착하기 15년 전의 일이다.

하멜은 제주도에 잠시 머물다 원래 목적지인 일본으로 떠날 줄 알았다. 하지만 제주도에서 발목이 잡힌 후 황금보다 소중한 20~30대의 시기를 한반도에서 보내게 된다. 어떤 의미에서 하멜은 '제주도 1년 살기'의 원조 격이다. 정확하게는 1653년 8월 16일부터 이듬해인 1654년 5월 말 육지로 떠나기까지 9개월 반을 제주도에 머물렀다. 태풍에 내던져져 원치 않는 낯선 섬에 갇혀버렸으니 위리안치의 심정과 다르지 않았으리라.

광해군이 위리안치되었던 장소이자 하멜이 살던 적소터.
왕위에서 쫓겨난 광해군의 유배지 기옥은 오래전에 헐리고 없다. 다만 제주시 이도1동 국민은
행 건물 옆에 '광해군 적소터 자리'라는 작은 표석만이 서 있을 뿐이다. 이곳에서 하멜 일행이 살
았다.

하멜과 광해군이 제주도에서 살던 집은 어디에 있었을까? 유
배지 건물은 이미 오래전에 헐리고 그 자리에 새로운 건물들이
들어서 정확한 지점을 알 수 없지만, 제주시 이도1동 국민은행
제주지점(제주시 중앙로 82) 부근인 것으로 추정된다. 은행 입구
모퉁이에는 '광해군 적소터 자리'라는 작은 표석이 서있고, 하멜
이 억류되었다는 내용도 함께 적혀있다. 유심히 살펴보지 않으
면 그냥 지나칠 정도로 표석의 크기는 작다. 그곳으로부터 제주
목 관아터까지는 걸어서 7분 정도 거리다. 하멜이 살던 곳은 상
대적으로 더 나은 숙소라지만 유배 장소였다. 생활 풍습이 다르
고 언어도 통하지 않았으며 먹는 음식마저 익숙하지 않았다.

우리에게 매일 약 470g의 쌀과 비슷한 양의 밀가루를 지급했다. 반찬은 거의 없었고, 그나마 받은 것도 우리가 먹을 수 없는 것뿐이었다. 그래서 우리는 식사를 할 때 반찬 없이 소금만 곁들여서 먹었고, 물만 약간 타서 마셨다.

이방인 하멜이 하소연하는 고통이다. 하멜의 기록을 종합해보면 제주도에 도착해 제일 먼저 먹은 음식은 쌀죽과 밥이었다. 이후 물에 밥을 말아 소금을 타서 때워야 했으므로 너무 괴로웠다는 표현이 자주 보인다. '우리가 먹을 수 없는' 반찬이란 무엇이었을까? 김치였을까? 된장이었을까? 제주는 화산섬이라 하늘에서 내리는 빗물을 가두기 어렵고 흙이 부족한 곳이다 보니 농작물 생산에 어려움을 겪어 왔다. 원래부터 그곳에 살던 사람들도 음식 재료 조달에 어려움을 겪고 있었으니 이방인들의 음식 고충은 훨씬 더 심했으리라.

숙소 주변의 경계가 삼엄했지만, 그런 한계상황 속에서도 하멜 일행에 대한 대우는 점차 좋아졌다. 이때부터 하멜은 조선에서 만나게 되는 리더들의 인상과 그들의 언행을 차분하게 적고 있다. 그 첫 번째 리더가 이원진이다. 그는 서울 출신으로 일흔 살 정도 되었으며 선하고 이해심이 많은 관리였고, 조정에서도 상당한 신망을 받는 사람이었다고 썼다. 언어가 통하지 않았지만 서로 소통하기 위해 무척 노력했던 사람이라며 매우 높이 평가했다.

비록 매우 서툰 말이었지만 서로 대화할 수 있었다. 제주목사는 가끔 향연과 오락도 베풀어 우리가 더이상 슬픔을 느끼지 않도록 위로했다. 왕의 서신이 도착하는 대로 우리를 일본으로 돌려보낼 것이라는 말로 날마다 용기를 주었으며, 부상자들을 치료해 주기까지 했다. 이교도들은 기독교인들이 부끄러워할 정도로 우리를 극진히 대해 주었다.

향연과 오락이라는 표현으로 미뤄보아 술과 음식이 제공되었던 것 같다. 어쩌면 네덜란드 노래를 부르고 춤도 췄을지 모른다. 갈치 등 해산물과 제주도에서 '돗궤기'라 부르던 흑돼지 요리도 식탁에 올랐을까? 점차 순번을 돌아가며 외출하도록 허용되었기에 그들은 쉬멍(수영)도 하고, 괴기(물고기)도 잡고, 밀린 빨래도 하면서 제주도 생활에 적응해 나갔다.

최초의 서양 외인 부대장 박연

제주도 생활 두 달이 조금 넘을 무렵인 10월 29일. 하멜은 일등 항해사, 하급 선의와 함께 일행을 대표해 제주목사에게 다시 불려갔다. 그곳에 붉은 수염을 기른 낯선 인물이 서 있었다. 목사는 하멜에게 그가 누구인지 물었다.

우리와 같은 네덜란드 사람이라고 대답했다. 그러자 목사가 웃기 시작했다. 그 사람이 조선사람이라고 말하려는 것 같았다. (제주목사와) 우리가 손짓 발짓을 섞어 많은 이야기를 나누는 동안 조용히 듣기만 하던 그 사람은, 서툰 네덜란드 말로 우리에게 어느 나라 사람이며 어디에서 왔는지 물었다.

그 사람의 이름은 박연, 문헌에 따라 한자 이름이 朴淵, 朴延, 朴燕 등 다양하게 표기되고 있으며 박인朴寅이란 이름도 볼 수 있다. 그는 누구이며 도대체 어떻게 조선에 오게 된 것일까?

박연은 네덜란드의 드 레이프De Rijp 출신이며 본명은 얀 얀스 존 벨테브레이Jan Jansz Weltevree다. 얀 얀스라는 이름에서 '연'을 취하고, '박'이라는 성은 벨테브레이에서 취했거나 혹은 조선에서 흔한 성 가운데 하나를 선택했을 가능성도 있다. 제주도에서 하멜을 만났을 당시 그의 나이는 57~58세 정도로 보였다고 하멜은 기록하고 있다.

박연의 고향 드 레이프는 암스테르담에서 북쪽으로 40km 떨어진 아름다운 소도시다. 네덜란드 황금의 17세기를 빛낸 도시 가운데 하나로 일찍부터 산업과 과학기술이 발전한 곳이다. 진취적이고 역동적인 분위기 속에서 성장한 박연은 1626년에 홀란디아 호를 타고 먼바다로 떠난다. 그의 나이 서른한 살 때였다. 이듬해인 1627년 일본으로 가던 중 역풍을 만난 홀란디아 호는 한반도에 접근했고, 마실 물을 구하기 위해 육지에 올랐던 네덜란드 선원 세 명이 붙잡히고 만다. 벨테브레이 박연이 그 세 명 중 하나였다. 조선의 기록에 따르면 그는 큰 키에 노란색 머리, 푸른색 눈동자를 지녔다. 정조 때 규장각에서 근무했던 문신 윤행임의 시문집 《석재고》에서는 다음과 같이 설명하고 있다.

조정에서는 훈련도감에 예속시켜 항왜와 표류해온 중국인을 거느리게 했다. 박연의 이름은 호탄만이다. 병서에 재주가 있고 화포를 매우 정교하게 만들었다. 박연은 자기의 재능을 살려 나라에 홍이포의 제制를 전하였다.

벨테브레이(박연)의 고향 드 레이프에 세워진 동상.
네덜란드인 벨테브레이는 1627년 일본으로 가던 배가 표류하는 바람에 한반도
에 상륙했다가 붙잡혔다. 이후 박연이라는 이름으로 개명하고 조선에 정착해 훈련
도감에서 일했다. 그의 고향 드 레이프에 벨테브레이를 기리는 동상이 세워져 있
으며, 서울 광진구 어린이 대공원에도 드 레이프 시가 기증한 같은 동상이 있을 뿐
그와 관련된 흔적은 서울에 남아있지 않다.

위의 글에서 항왜降倭는 조선에 투항한 일본 군인을 말한다. 그의 이름을 호탄만이라 적고 있는 것은 네덜란드 단어 'Hoofdman'에서 유래한 것으로, 영어로 캡틴을 뜻한다. 박연과 함께 조선에 억류된 나머지 일행 두 사람은 병자호란 때 참전했다가 전사했고 오직 박연 혼자 살아남았다.

1648년 8월 25일 《인조실록》의 기록에는 "무과에 박연 등 94인을 뽑았다"고 적혀있으며, 조선의 다른 기록에서도 박연이 무과에 급제했다는 표현이 있다. 그는 포를 다룰 줄 알았고, 전투 경험도 있었으며, 다양한 기술에 능해 조선에서 꼭 필요한 인재였다. 박연은 최초로 왕실에 등용된 서양사람, 조선 최초의 서양 외인 부대장이었다.

효종의 사위인 정재륜의 수필집 《한거만록》은 박연을 가리켜 "위인이 뛰어나고 훌륭하며 깊이 헤아리는 바가 있다"고 묘사하는 등 그에 관한 기록은 대부분 호의적이다. 하멜을 만났을 당시 박연은 조선 여자와 결혼해 1남 1녀를 두고 있었으며, 원산 박씨의 시조가 되었다. 이처럼 조선 사회에 적응을 잘하고 한국어에도 능통했기에 제주목사는 그를 가리켜 조선사람이라고 부른 것이다.

하지만 박연도 인간이다. 어느 날 갑자기 고국 사람들을, 그것도 한 명이 아닌 36명이나 되는 사람들을 만났다. 하멜은 박연을 만나던 장면을 무덤덤하게 기록하고 있지만, 그 기록은 보고서 형식이기 때문에 사적인 감상을 자제한 까닭이다. 대신 조선의 다른 기록에서 그날의 감격스러운 장면을 살짝 엿볼 수 있다. 성해응이 쓴 《연경재전집》에 따르면 박연은 직접 제주도로 내려가 하멜 일행과 대면한 뒤 서로 얼굴을 마주하고 눈물을 떨어뜨렸으며, 하멜 일행도 박연을 한참 쳐다보고는 "이 사람은 우리의 형제와 같다"고 말했다. 앞서 언급한 윤행임은 이 상황을 좀 더 극적으로 묘사하고 있다.

> (박)연은 그 사람들을 만나 이야기를 나눠 본 뒤에 눈물을 떨어뜨리며 자기 옷깃이 다 젖을 때까지 울었다.

서양 남자들이 옷깃이 다 젖을 정도로 눈물을 흘렸다면 그건 보통 장면이 아니다. 박연은 고향에 아내를 두고 온 남자였다. 부인이 임신 중인 상태에서 헤어져 배를 탔다가 그만 조선에 붙잡혀 조선인으로 강제 귀화했다. 그가 고국 사람을 만난 것은 26년 만에 처음 있는 일, 그 사이 모국어를 거의 잊다시피 했다. 한동안 하멜과 의사소통에 어려움을 겪었지만, 생활을 함께하면서 점차 모국어를 회복했다고 한다.

하멜이 박연에게서 가장 듣고 싶었던 것은 고향으로 돌아가게 해주겠다는 말이었다. 그러나 통역 담당 박연의 입에서 임금이 전하는 뜻밖의 말이 나왔다. "너희가 새라면 날아가도 좋지만 어떤 외국인도 이 땅에서 내보낼 수 없다."

마른하늘에 날벼락 같은 소식이었다. 설상가상 그들을 호의적으로 대했던 제주목사 이원진마저 임기가 만료되어 떠났다. 구관이 명관이라는 말처럼 후임 목사는 하멜 일행에 대한 대우가 전임자와 달랐다. 하멜 일지에 따르면, 후임 목사는 쌀과 밀가루의 지급량을 삭감했고 그나마 내용물도 보리쌀과 보릿가루로 바꾸어 버렸다. 중단된 부식을 얻기 위해 보리쌀을 팔아야 했다는 대목도 있다. 네덜란드 선원들은 제주도에서 보릿가루로 빵을 구워 먹었다. 어떤 식으로 빵을 만들었는지는 모르지만, 그들이 머물던 광해군 유배지에 부엌과 취사도구가 갖추어져 있었고 일행 중에 요리사도 있으니 누룩이 없는 빵을 어떻게든 만들어 먹었던 깃 같다.

부실한 음식과 낙담한 상황 속에서 하멜 일행 가운데 일부가 일을 벌였다. 1654년 5월 초, 작은 어촌 마을에서 항해 장비를 그대로 놔둔 작은 배 한 척을 발견한 일행 다섯 명이 탈출을 시도한 것이다. 그들은 미리 준비해두었던 새끼줄과 한 사람당 두 덩어리씩 빵을 가져와 비상식량으로 삼은 뒤 그 배를 훔쳐 타고 바다로 나갔지만, 돛대가 부러지는 바람에 붙잡히고 말았다. 조선의 선박에 적응하지 못한 결과였다. 이들을 심문한 제주목사는 그런 작은 배로, 식수도 없이 빵 몇 조각만 가지고 항해할 수 있다고 생각했느냐 물었다. 탈출에 실패한 네덜란드 선원들의 답변이 처연하다.

"이런 대우를 받느니 당장 죽는 게 낫다!"

탈출을 시도했던 주동자들은 엉덩이에 각각 곤장 25대씩 맞는 형벌을 받았다. 곤장을 맞은 사람들은 한 달가량 자리에 누워 지내야 했을 만큼 고통을 겪었다. 숙소 주변에는 이전보다 훨씬 엄중한 감시조치가 내려졌다.

첫 번째 탈출 시도는 이처럼 어이없는 좌절로 끝나버렸다. 그리고 얼마 지나지 않아 전원 왕이 있는 서울로 압송하라는 명령이 내려진다. 일본으로 갈 수 없었지만, 억압적인 환경에서 해방된다는 사실 하나만으로 하멜은 기뻐했다.

감귤봉진과 200년 출륙금지령

하멜 일행 도착 즈음의 제주도 사정은 어떠했을까? 역사적 맥락을 알기 위해 국립제주박물관을 가보기로 한다. 입구의 돌하르방, 제주도의 풍광에 어울리도록 낮게 디자인된 박물관 건물이 편안하게 느껴진다. 제주도의 귤과 특산물, 왕실로 보내는 공납품 관련 내용을 알기 위해 박물관의 전시부터 보기로 했다.

　제주목사는 지방을 다스리는 수령의 일반적인 업무 외에도 나라에 중요한 물품인 귤 진상을 위해 귤원이라는 이름의 과수원을 운영했다. 표고버섯, 미역, 전복 역시 왕실로 보내는 제주도의 중요한 진상품이었다. 공납품 관리와 운반은 제주목사에게 매우 중요한 업무였다. 귤은 지금은 흔한 것이 되었지만, 조선 시대에는 매우 귀해서 '감귤봉진柑橘封進'이라는 용어가 생겼을 정도다. 여러 종류의 감귤과 한약재로 사용될 귤껍질을 선별해 한양에 보낼 것을 꾸리는 과정을 말하는데, 조선 숙종 때 제주목사 이형상이 화

화공畵工 김남길이 그린 '탐라순력도'(1702~1703)
재배한 귤을 선별하고 통에 넣어 봉한 뒤 왕실에 진상하는 과정인 '감귤봉진' 장면을 담고 있다.
귤은 관리도 힘들고 문책이 자주 돌아와 등골을 빼먹는 작업으로 제주도 사람들이 기피하는 농
작물이었다.

공叢工 김남길로 하여금 그리게 한 탐라순력도耽羅巡歷圖에 감귤봉진이 상세히 묘사되어 있다.

하지만 귤은 관리도 힘들고 자주 문책이 돌아와 제주도 사람들이 기피하는 농작물이었다고 한다. 제주도에 흔한 비바람을 맞아 귤이 손상을 입거나 새들이 쪼아 먹는 경우가 적지 않은데, 그 경우 집주인에게서 손실된 양만큼 더 징수하는 식이었다. 김상헌이 쓴 《남사록》에 따르면 제주 민가에서는 감귤을 독약과 같다고 여겨 재배하기를 좋아하지 않았으며, 아예 귤나무를 잘라 관가에서 문책할 꼬투리를 없애버릴 정도였다.

제주 말馬 역시 매우 중요한 공납품이었다. 제주목사는 제주 말 진상을 위해 목장을 관리하는 임무까지 져야 했다. 제주의 중산간 지역에 10개의 목마장牧馬場을 설치한 뒤 여기서 키운 말 가운데 선택된 말은 조천朝天, 화북禾北 포구에서 배에 실린 뒤 공마로 진상되었다. 한양에서는 왕이 타는 말과 수레 및 마구와 목축에 관한 일을 맡던 전담 관청이 있어 사복시司僕寺라 불렀다. 하멜의 기록에도 제주도의 말과 가축에 관한 이야기가 나온다.

(제주에는) 말과 소가 풍부해 해마다 국왕에게 공납하고 있다. 주민들은 평민들로서 매우 가난하며, 본토인들로부터 천대받고 있다. 섬 중앙에는 나무가 울창한 높은 산이 하나 있다. 그 밖의 산들은 나무가 별로 없지만, 계곡이 많아 거기서 벼농사를 짓는다.

울창한 높은 산이란 물론 한라산을 말한다. 원래부터 제주도는 땅이 척박한 데다 지속적으로 찾아오는 태풍과 자연재해로 농사짓기가 힘들었다. 그런 이유로 제주 사람들은 지역의 특산물을 쌀, 소금 등 생필품과 교환해 살아가야 했지만 조선 후기로 갈수록 진상품의 수량은 계속 늘어나고 생필품을 얻기는 점점 어려워졌다.

끊임없는 왜구의 침입에다 과중한 공납 요구까지 더해지자 이를 견디지 못하고 도망가는 사람까지 생겨났다. 육지의 전라도와 경상도 해안을 떠돌아다니는 유랑민으로 전락하거나 심지어 중국 요동 반도 인근 섬으로 도망간 제주도 사람들이 있을 정도다. 이들을 가리켜 '두모악' '두무악' '두독야지'라 불렸는데, 한라산의 별칭이다. 제주도 사람이 해산물을 채취해 생활한다고 해서 포작인鮑作人이라 불리기도 했다. 포작인은 전복과 해산물을 잡고 어업에 종사하는 남자를 가리키는 말이다. 하지만 전복 진상 요구가 과도하고 군역까지 겹치자 포작인들은 점차 자취를 감췄다. 이후 전복과 해산물 진상 업무를 담당하는 인력이 점차 여성들로 바뀌었는데, 그들을 가리켜 잠녀潛女 혹은 해녀라 불렸다.

인조 7년인 1629년 제주도 사람들에게 '출륙금지령出陸禁止令'이 내려진다. 제주 사람들의 섬 밖 이동을 금지하는 이 가혹한 명령은 1823년(순조 23년)까지 200년 동안 지속돼 제주의 경제와 문화 발전을 결정적으로 가로막았다. 효종의 아들인 현종 치세

《현종실록》에 따르면 이 섬에서 도망친 사람만 1만 명이 넘었다. 여러 기록으로 미루어 볼 때, 조선 중기 제주도의 인구는 5만 명 안팎이었으며 그중 2만 명 이상이 살기 위해 섬을 탈출한 것으로 짐작된다.

고려 시대에는 쌍돛을 단 대형선박과 전선戰船을 중앙에 보낼 만큼 뛰어난 선박 제조 기술을 자랑하던 제주 사람들이었다. 하지만 출륙금지령이 내려지면서 항해 노하우와 조선 기술 전수도 대부분 끊겨버렸다. 제주도 토박이들 사이에서 아직도 남아있는 '육지 것들'이라는 감정적 용어는 특히 이 시기에 생겼다. 제주의 특수한 정서를 거론할 때 꼭 등장하는 두 개의 단어가 있다. 그 하나가 조냥 정신으로, '조냥'은 식량이나 물건을 아껴 비축하는 것을 말한다. 또 다른 하나는 '수눌음', 이웃 간에 서로 힘든 일을 거들고 노동을 교환하는 것을 뜻한다. 척박한 환경에서 살아남기 위한 제주 사람들끼리의 공동체 의식이다.

연대기로 정리하자면 1628년에 벨테브레이가 조선에 도착하고, 1629년 출륙금지령이 내려졌으며, 1653년 하멜이 제주도에 표착했다. 즉 하멜이 제주도에 온 것은 출륙금지령이 시행된 지 24년 지났을 무렵이었다.

국립 제주박물관 관람을 마치고 나가려던 나는 박물관 뒤편으로 시선을 돌렸다. 뜻밖에도 아름다운 정원과 연못 풍경이 그곳에 펼쳐져 있었다. 여름에만 생산된다는 하귤 나무, 빨갛게 익은

열매가 아름다운 백량금百兩金이라는 식물이 자라고 있었다. 수십 개의 현무암 조각들 사이로, 고려 후기 미륵불상인 서자복西資福과 동자복東資福 한 쌍이 내 눈길을 사로잡았다. 서자복과 동자복은 풍어와 득남을 기원하며 제주 사람들이 숭배해온 수호신으로, 불교가 제주도의 토속신앙을 만나 돌하르방으로 변형되는 과정을 흥미롭게 유추할 수 있도록 해준다. 보리와 조를 주식으로 삼았던 옛날 제주 사람들의 식생활을 한눈에 보여주는 보리통과 연자매도 전시돼 있었다. 보리통은 방아를 찧기 전에 보리를 담아 물에 불리는 통이며, 연자매는 소나 말을 이용해 곡식을 찧는 농기구다. 하멜 역시 제주도에서 생활하는 동안 보리를 식량으로 받았다. 아마 그 역시 저 농기구들을 자주 보았으리라.

박물관 뒤편의 야외공원은 전시장 못지않게 매력적인 공간이다. 그늘이 드리운 의자에 앉아 잠시 쉬면서 박물관 입장 표시로 손목에 채워준 종이 밴드를 내려다보았다. '새로운 시작'이라는 글씨가 또렷하게 인쇄되어 있다.

'새로운 시작'이라…. 하멜이 평생 추구했던 가치다. 눈앞의 역경을 딛고 일어나 다시 시작하는 것, 그것이 삶의 혁신이다. 나 역시 지금의 상황이 힘들다고 툴툴거리는 대신 하멜처럼 다시 일어나 새롭게 시작하라는 계시일까?

4장

효종의 용병들

제주도를 떠나 육지로 압송되는 하멜의 모습은 어떠했을까? 지금은 비행기 한번 타면 한 시간 만에 도착하지만, 17세기에 제주도에서 서울까지 가는 길은 멀고도 위험했다. 하멜 일행은 몇 명씩 나뉘어 여러 척의 다른 배에 태워졌다. 일행 중 일부가 제주도에서 탈출을 시도한 전력이 있었기 때문에, 마치 범죄인을 호송하는 장면처럼 엄숙한 긴장감 속에서 하멜 일행의 압송은 진행되었다.

> 우리는 4척의 배에 분승했으나, 다리 한 짝과 팔 한 짝은 나무 기둥에 묶여야 했다. 우리가 배를 빼앗아 달아날까 봐 관리들이 두려워했기 때문이다. 우리를 감시하던 병사들은 모두 뱃멀미를 심하게 했다. 만일 우리 몸이 자유롭거나 묶여 있지 않았다면 우리는 실제로 그렇게 했을지도 모른다.

호송 업무를 담당하는 병사들이 대부분 육지에서 활동하는 사람들이다 보니 바다에서는 취약했다. 감시 임무를 수행하는 이들이 심각한 뱃멀미에 시달리는 동안, 감시당하는 하멜 일행은 오히려 눈만 멀뚱멀뚱 뜬 채 그 상황을 지켜보고 있었다는 언급은 흡사 블랙 코미디를 보는 것 같다. 배에서 내려 육지로 이동하는 도중 건강이 좋지 않던 한 명이 숨을 거두었다. 하멜은 전라남도 영암에서 그를 묻어주었다고 적고 있다. 이제 하멜 일행은 35명으로 줄어들었다.

제주를 떠나 서울로 가는 여정은 총 26일이 걸렸다. 이동하는 도중 머물렀던 지명을 하멜은 꼼꼼하게 기록에 남겼다. 해남-영암-나주-장성-정읍-태인-금구-전주-여산-은진-연산-공주-경기도의 여러 마을, 그리고 마침내 한강에 도착했다. 한강이 자신의 고향과 가까운 '도르트레흐트에 있는 마스Maas 강만큼이나 넓은 강'이라고 그는 썼다.

하멜이 서울에 도착한 것은 1654년 6월 26일. 그때부터 전라도 강진으로 떠나는 1656년 3월 초까지 1년 8개월 남짓 하멜의 서울 생활이 시작된다. 서울 도착 직후 2~3일 동안 일행은 모두 한 집에 수용되었다. 하멜은 서울의 첫날 밤을 어디에서 숙박했을까? 왕실의 정무를 담당하던 〈비변사등록〉에 이들의 동정이 짧게 언급되어 있다.

박연이 데려온 사람들이 지금 입경해 사역원司譯院에 숙소를 정하라고 명했습니다. 오늘부터 급료가 계산되며, 대부분 호위 임무를 맡는 병사로 임명되었습니다.

사역원은 외국어 통역과 번역을 담당하던 곳으로 적선방에 있었다. 적선빙은 지금의 적선동 부근이다. 지하철 5호선 광화문역 1번 출구로 나와 세종문화회관 옆 외교부 방향의 도로에 '사역원터'라는 푯말이 보인다. 하멜과 일행이 서울에서 첫날밤을 보낸 곳이 바로 그 부근이다. 며칠 뒤 일행은 두서너 명씩 갈라져 중국인의 집으로 분산 수용된다. 당시 서울에는 적지 않은 중국인들이 살고 있었다고 한다. 하멜의 증언에 따르면 왕을 호위하는 호위병들 중에는 중국인이 많았다. 또 명나라에서 청나라로 왕조가 바뀌는 시기에 탈출해온 한족도 적지 않았다. 하멜 일행이 분산 수용된 중국인 집이 한때 화교의 중심지였던 명동 지역에 있었는지 혹은 적선동과 가까운 지역에 있었는지는 분명치 않다.

호패를 찬 네덜란드 병사들

국경이 닫혀 있고 자유로운 여행이 금지되어 있던 17세기 중반의 어느 날, 한양 시내에 35명의 서양 거한들이 불쑥 나타났다. 이들이 한꺼번에 몰려다니는 모습은 그 자체만으로도 경이로운 광경이었을 것이다. 서울 사람들보다 먼저 이들을 보았던 제주도에서는 하멜 일행의 생김새가 괴상하다는 소문이 퍼졌다. 음료를 마실 때는 코를 뒤로 돌리고, 머리칼은 노란색으로, 사람이라기보다 바다 동물처럼 보인다는 다소 엉뚱한 소문이었다. 폐쇄사회에서 오랫동안 살아온 시대의 촌극이다.

하멜의 일거수일투족은 조선 시대의 사람들에게 매우 흥미로운 구경거리였다. 어떤 사람에게는 일상이었지만 또 다른 누군가에게는 콘텐츠가 된 것이다. 하멜과 동료들은 한동안 고관대작의 집에 불려 다녔다. 그 집의 아녀자들이 하멜 일행을 몹시 구경하고 싶어서 보여주려는 의도였다고 하멜은 적고 있다.

하멜 일행이 서울에서 첫날밤 보낸 사역원 터.
지하철 5호선 광화문역 1번 출구로 나와 세종문화회관 옆 외교부 방향 도로에 '사역원터'라는 푯말이 보인다. 하멜의 증언에 따르면 왕의 호위병들 중에는 중국인이 많았고, 중국을 탈출한 한족들이 적지 않게 살았다고 한다.

처음에 우리는 (서울) 길거리를 돌아다닐 수가 없었고, 구경꾼 때문에 집에서도 전혀 쉴 수가 없었다. 그러자 훈련대장은 자신의 허락 없이는 어느 누구도 우리를 만날 수 없다고 명령했다. 우리 집에 있던 하인들조차 몰래 우리를 불러내서 놀려댔기 때문이다.

마치 동물원이나 사파리에서 만나는 신기한 동물을 구경하듯 생전 처음 보는 서양인들에 대해 이목이 쏠리고 있었다. 백인 무리를 처음 보는 서울 사람들은 하멜 일행의 피부색에 특히 관심이 많았다고 한다. 별다른 구경거리가 없던 시절의 진풍경이지만, 일상생활조차 어려움을 겪는 하멜의 처지가 눈에 보이는 듯하다. 조선의 일반 평민들처럼 하멜도 호패를 차고 다녀야 했다. 호패는 둥근 나무패에 이름 등 몇 가지 신상 명세를 적은 것으로 조선 시대의 주민등록증 같은 역할을 했다. 호기심 많은 하멜은 이를 상세히 기록하고 있다.

우리에게 나무로 만든 둥근 소패小牌(호패를 가리킴)를 하나씩 주었다. 거기에는 우리의 이름과 나이, 출신국, 근무처가 (조선 글자로) 새겨져 있고, 국왕과 대장의 낙인이 찍혀 있었다.

하멜 일행은 서울에서 무엇을 먹고 어떻게 생활했을까? 1700년대 초 성해응이 기록한 《연경재전집》에서 "그들은 밥을 모르며, 술과 고기와 과자와 국수를 먹고 마신다. 또 뱀을 능히 먹는다."라고 언급한 것으로 볼 때 쌀보다는 밀가루, 채식보다는 육식을 선호한 듯하다. 다만 현대의 네덜란드 사람들이 좋아하는 감자는 조선에서 먹지 못했을 것이다. 고구마는 영조 때, 감자는 숙종 시절이 되어서나 조선에 들어왔기 때문이다.

처음 두세 명씩 분산돼 중국인 집에 세 들어 살던 하멜 일행에게 집주인인 중국인은 거의 날마다 땔감을 구해오라고 강요했다. 이를 견디다 못한 일행은 자구책을 마련하기에 이른다. 겨울이 다가오자 조정에서는 방한용품과 동절기 의복을 마련하라며 난파한 배에서 발견한 사슴과 동물 가죽을 돌려 주었다. 하멜 일행은 그것을 팔아 의복을 사는 대신 두세 사람씩 살 수 있는 작은 집 여러 채를 마련하기로 결의했다.

> 밤과 낮으로 괴로움을 당하느니 차라리 약간의 추위를 참아내기로 했다.

그들에게 진정으로 견디기 힘든 것은 추위가 아니라 억압이었다. 네덜란드인 특유의 독립심과 절약 정신, 재테크에 대한 감각이 두루 드러나는 장면이다. 나아가 돈과 자유에 대한 하멜의 실용주의적 사고를 읽을 수 있다. 일행은 사슴과 동물 가죽을 팔아 분배했던 자금 중 은 서너 냥씩을 갹출해 살 집을 마련하고, 나머지 돈으로는 옷가지를 장만했다.

효종이 하사한 붉은 술의 정체는?

근세 이전까지만 해도 조선은 지구촌의 변방이었다. 그 존재를 아는 나라도 거의 없었고, 조선 또한 세상이 얼마나 넓은지 전혀 알지 못했다. 하멜의 증언에 따르면, 당시 조선은 전 세계에 12개의 왕국밖에 없다고 생각했으며 평민들이 아는 외국이란 중국 아니면 왜(일본)가 전부였다. 그런 상황에서 35명이나 되는 서양의 거한들이 어느 날 갑자기 서울 한복판에 도착했다. 북경을 중심으로 한 대륙 세력만 바라보았던 조선의 지도자들은 또 하나의 거대하고도 독립적인 세계가 있다는 사실을 알고 충격을 받는다. 대륙 세력과 전혀 다른 해양 세력의 출현이었다.

서울에 올라온 하멜과 동료들은 뜻밖에도 조선의 왕으로부터 초청을 받는다. 왕조시대에 왕의 초청을 받아 왕궁으로 들어간다는 것은 매우 특별한 행운이었다. 더군다나 서양인의 초청은 극히 이례적이었다. 앞서 조선에 왔던 박연과 더불어 하멜은 조선의 왕을 직접 본 소수의 서양인에 속했다. 당시 조선의 왕은 미남으로 알려진 효종이었다. 효종은 통역 담당 박연을 통해 여러 가지 질문을 던졌다. 하멜 일행은 자비를 베풀어 부모님과 아내, 아이들, 친구들이 기다리는 본국으로 돌아가게 해달라고 간청했다. 하지만 효종의 입에서 돌아온 대답은 냉정했다.

"이방인을 조선 땅에서 떠나보내는 것은 이 나라의 관습이 아니므로 여기에서 평생 살아야 한다. 대신 너희를 부양해 주겠다."

하멜을 조선에 던져놓은 것은 태풍이었지만, 그를 억류한 것은 효종이었다. 비록 한반도를 떠날 수는 없었지만, 왕이 직접 봉급을 주겠다고 약속한 것은 그나마 희소식이었다. 왕은 일행에게 푸짐한 음식과 술을 하사하고 긴장을 풀어주었다. 억류했으되, 상대를 매우 필요한 존재로 여기며 존중한다는 표시였다. 하멜 일행 중 한국어를 가장 잘했으며, 귀국 후 니콜라스 비츤과 인터뷰를 한 마테우스 이보컨에 따르면 왕궁에서 붉은 술도 대접받았다고 한다.

> 조선사람들은 붉은 음료 만드는 법을 알고 있다. 그것은 포도주처럼 맛이 있고, 마시면 취해 버린다. 국왕은 궁정에서 그것으로 우리 네덜란드 사람들을 한번 대접한 일이 있다.

조선이 와인 제조법을 아직 알지 못하던 때이니 포도주는 아니다. 그러면 그 붉은 술은 무엇이었을까? 조선 시대 색깔이 붉은 전통주로는 감홍로甘紅露, 진달래술, 홍주紅酒 또는 복분자 술이 있었다. 육당 최남선은 《조선상식문답》에서 평양의 감홍로甘紅露를 정읍의 죽력고竹瀝膏, 전주의 이강고梨薑膏와 함께 조선의 3대 명주라고 말했다. 감甘은 단맛, 홍紅은 붉은색, 로露는 증류할 때 소줏고리에 맺히는 이슬을 의미한다.

왕궁에서 사용되는 붉은 술이 또 있었다. '내국홍로주內局紅露酒'가 바로 그것이다. '내국內局'이란 왕의 약을 제조하는 장소인 동시에 술을 관장했던 곳이기도 하다. '홍로주紅露酒'는 붉은 이슬방울 같은 술이라는 뜻이다. 색이 붉은 전통 고급 소주다. 왕이 궁중을 방문한 손님에게 내준 특별한 술이라면 내국홍로주일 것 같다. 궁중에서 임금이 마시던 술이었기 때문이다.

주흥이 무르익자 왕은 배운 모든 것들을 자기 앞에서 다 내놓아 보라고 명령했다. 제주도 보고를 통해 그리고 박연의 전언을 통해 사전에 많은 이야기를 들었던 효종은 하멜 일행에 대해 큰 호기심과 기대를 보였다. 하멜과 동료들은 왕 앞에서 노래를 부르고, 네덜란드 방식으로 춤도 추고, 퉁소도 불었다. 네덜란드 선원들은 조선의 왕궁에서 외국인 가무단의 엔터테이너로 변신해야 했다.

북벌과 대양적 전환

표류해 온 이방인들을 떠나보내는 것은 조선의 관습이 아니라던 효종의 말은 사실이었을까? 물론 사실이 아니다. 조선은 전통적으로 표류해 온 외국인을 중국이나 일본을 통해 돌려보내는 자비로운 정책을 펼쳤지만, 예외적 시기가 바로 효종이 왕으로 재위하던 10년간이다. 효종이 북벌 정책에 주력하다 보니 만주족이 세운 청나라를 피해 온 명나라 출신 한인漢人을 주축으로 한 중국인 병사가 적지 않았고, 조선의 군사적 상황이 외부로 알려지는 것을 왕은 극도로 경계했다.

효종이 하멜 일행에 대해 출국을 허가하지 않은 진짜 이유는 병자호란과 깊은 관련이 있다. 효종은 인조의 둘째 아들로, 병자호란 때 부왕이 청나라 홍타이지 앞에서 삼배구고두례三拜九叩頭禮를 올린 삼전도의 치욕을 두 눈으로 목도했다. 이후 형 소현세자와 함께 인질로 잡혀가 심양에서 2년 이상 머물렀다. 귀국 후에는 소현세자가 병으로 급사하는 바람에 세자가 되고 왕으로 즉위하기에 이르렀다.

흥미로운 것은 효종이 해외 경험을 한 최초의 조선 왕이라는 사실이다. 심양에서 태어난 그의 아들은 훗날 현종이 된다. 유일한 'made in china' 조선왕인 셈이다. 1649년에 즉위한 효종은 겉으로는 청나라에 공손했지만, 존명배청尊明排淸의 마음이 뼛속 깊이 각인돼 있었다. 명나라를 존중하고 청을 배척한다는 뜻으로, 그는 청 왕조에 복수할 북벌 계획을 비밀리에 추진하고 있었다. 부왕인 인조와 조선이 당한 굴욕을 복수하는 것이야말로 필생의 과업이라고 그는 굳게 믿었다. 따라서 임진왜란 이후 실전에 약한 5위衛 중심의 군사 체제를 5군영軍營 체제로 개편하고 특히 어영청과 훈련도감의 군사를 증원해 다양한 병기 제조 및 무기 개량을 시도하던 중이었다.

그러하기에 효종은 하멜 일행으로부터 국방 관련 신기술을 배울 수 있기를 기대했다. 특히 관심을 가졌던 것은 네덜란드의 총포 기술이었다. 하멜 일행이 도착한 지 50년 뒤인 1700년대 초에 쓴 성해응의 《연경재전집》 중 서양 선박西洋舶 부분을 읽어보면 조선 쪽에서 바라본 하멜 일행에 대한 평가를 알 수 있다.

이들(하멜 일행)은 기술이 많아서 역법曆法과 의술에 아주 정통했다. 능숙한 장인과 쇠를 잘 다루는 사람은 대부분 바다에서 죽었다. 다만 성력星曆을 이해하는 자 1명, 권법을 이해하는 자 1명, 조총을 잘 다루는 자 1명, 대포 전문가 10여 명이 있었다.

(중략)

네덜란드인들의 긴 칼은 왜 나라에서 만든 것과 비슷하다. 창 자루는 무슨 나무로 만들었는지 모르지만 가볍고 질겨서 부러지지 않는다. 무기고에 넣어둔 지 50여 년이 지났는데도 좀이 슬지 않았다. 배의 구조를 이루던 철을 거두니 모두 1만여 근에 달했다. 돛의 폭을 재어보니 72m가 넘었다.

왕실은 하멜 일행을 훈련도감에 배치했다. 일명 훈국訓局이라고도 불리던 군대조직이다. 매년 봄과 가을에 각 3개월씩 총 6개월 동안 군사훈련을 받으며, 매달 3회 맹훈련을 하고 사격 훈련도 실전처럼 했다고 하멜은 적고 있다. 당시 왕의 호위 부대에는 중국인 병사들이 많았다. 중국인 친위병 한 명과 벨테브레이가 훈련 교관으로 임명되어 조선의 방식으로 자신들을 가르쳤다고 하멜은 썼다.

벨테브레이는 박연으로, 훈련도감에서 군사교육 담당 무신武臣으로 일하고 있었다. 그는 조선의 왕실을 위해 일한 최초의 서양인 외인 부대장이었다. 하멜 연구자이며 《다시 읽는 하멜표류기》의 저자인 강준식은 효종이 하멜 일행을 훈국에 신속하게 배치한 것은 벨테브레이라는 존재 때문이라 해석했다. 벨테브레이가 조정에 충성스러운 존재인 데다 언어 문제도 자연스레 해결

옛 훈련도감 터.
효종은 하멜 일행을 일명 훈국이라고도 불리던 군대조직인 훈련도감에 배속해 네덜란드 출신 박연의 지휘를 받게 하였다. 그들은 오래지 않아 왕의 가마꾼을 지키는 호위병으로 보직이 변경된다. 경희궁과 서울 역사박물관 옆 크레센도 빌딩 앞에 표석이 남아있다.

할 것이라는 기대 때문이었다는 것이다. 조선은 하멜 일행의 화포 다루는 능력을 활용하고자 했지만, 그들이 노하우를 펼칠 인프라와 철강 재료, 이를 뒷받침할 기술설비가 절대적으로 부족했다. 총체적인 무기 인프라가 갖춰져야 하는 일이었다.

하멜 일행의 업무는 오래지 않아 왕의 가마를 수행하는 호위병 역할로 바뀌었다. 외국인 용병 호위대였다. 비유하자면 하이테크 과학기술자에서 예능인으로 역할이 바뀐 것과 같다고 할까? 북벌, 북경 등 북쪽의 대륙 세력으로만 향하던 조선의 눈길은 남쪽에서 하멜 일행이 도착한 이후에도 거대한 해양 세력의 움직임에 촉각을 곤두세우지 않았다. 청나라에 대한 복수심과 북벌 의욕이 넘친다고 한들, 조선은 이를 감당할 만한 인프라와 역량을 갖추지 못했다. 그것이 조선의 현실, 효종의 한계였다.

"세계사는 땅의 힘에 대한 대양의 힘의 투쟁, 대양의 힘에 대한 땅의 힘의 투쟁사"라고 정의한 사람은 《땅과 바다Land und Meer》를 저술한 독일 학자 칼 슈미트였다. 대륙 중심 세력과 해양 중심 세력의 투쟁이라는 개념을 들고나온 1942년의 혁신적 저서였다. 이 책에 따르면, 영국은 세상을 바다라는 관점에서 바라보며 "거점과 이동 경로라는 측면에서" 사고한 결과 "누구에게도 속하지 않거나 모두의 것으로 여겨졌던" 온 바다를 결국 석권하기에 이르렀다고 강조했다. 그에 앞서 서양이라는 세계가 지중해 중심에서 대서양 중심으로 바뀐 것이야말로 '대양적 전환'이라고 그는 강조했다.

조선에서도 대양적 전환이라는 패러다임의 전환이 가능했다. 하멜의 한반도 도착 사건은 대륙 세력이 아닌 해양 세력의 거대한 움직임을 포착할 좋은 기회였다. 칼 슈미트의 이론을 빌리자면, 북쪽의 대륙 중심 사고에서 남쪽의 해양 중심으로 전략적 전환을 꾀할 수 있는 행운이 조선에 굴러 들어온 셈이다. 하지만 조선의 리더들은 끝내 남쪽의 변화에는 눈을 감았고, 오로지 북쪽으로만 눈길을 돌렸다.

최초의 서양 의사
마테우스 이보컨

하멜 일행 가운데 하멜만큼이나 흥미로운 인물이 있다. 그 주인공은 앞서 언급한 마테우스 이보컨Mattheus Ibocken이다. 제주도에 표류했을 당시 열아홉 살의 나이로 하멜보다 네 살 어렸다. 채 스무 살이 안 된 나이에 조선에 왔다가 20대 시절을 송두리째 보낸 뒤 30대의 나이에 하멜과 함께 탈출한 사람이다. 일행의 중요한 결정을 내릴 때마다 그는 하멜 옆에 있었다. 제주도에서 맨 처음 조선의 병사들이 포위해왔을 때 하멜과 함께 일행을 대표해 앞에 나갔다. 제주목사 앞에서 처음 심문받을 때도 하멜과 먼저 나갔다. 나이는 어리지만 상급 선원으로 배에서 중요한 신분이었다는 뜻이다.

난파한 네덜란드 선박에서 그의 공식 역할은 하급 선의下級船醫였다. 범선은 닻과 돛을 다루는 작업이 많아서 간혹 부상자와 아픈 사람이 생겼기 때문에 장거리 항해에서 의사는 필수요원이었다. 하급 선의는 선상에서 상급 의사를 옆에서 돕는 보조역할이었다. 그의 상사였던 상급 선의는 제주도 앞바다에서 일어난 난파 사고로 사망했다. 조선 시대 성해응의 기록에 '(하멜 일행은) 의술에 정통했다'는 언급으로 미뤄볼 때 이보컨은 이미 의술에 상당한 식견이 있었던 듯하다. 여러 기록으로 살펴보건대 이보컨은 한반도에서 최초로 서양식 의술을 선보인 사람, 즉 조선에 온 최초의 서양인 의사라 해도 과언이 아니다.

이보컨의 존재가 더 흥미를 끄는 것은 탁월한 언어능력 때문이었다. 여러 사람의 증언을 종합해보면, 이보컨이 일행 중 가장 유창한 한국어를 구사했던 듯하다. 제주도에 도착한 지 불과 2년어 만에 상당한 한국어 실력을 보였고, 시간이 흐르면서 거의 조선사람처럼 한국말을 구사했다고 한다.

이보컨이 세상의 주목을 받게 된 것은 니콜라스 비츠Nicolaas Witsen과의 인터뷰를 통해서였다. 비츠은 1682년부터 1706년까지 암스테르담 시장을 역임하고 1693년에는 동인도회사의 행정관과 이사회 일원으로 활동하는 등 정치·행정·경영 가리지 않고 다방면으로 영향력을 발휘한 인물이었다. 네덜란드 왕립학회 회원이 되었을 정도로 호기심 많은 학자였으며 이국의 특이한 물건을 수집하는 게 취미였다. 그가 개인적으로 특별한 관심을 기울인 곳은 러시아와 아시아 북부 지역이어서 1664년부터 1665년 사이에는 모스크바를 방문한 적도 있었다. 1692년에는《북만주와 동만주*Noord en Oost Tartarye*》라는 지리서를 한정판으로 출간했다. 그리고 1705년에 낸 제12판에서는 책을 쓰는 데 많은 정보를 제공한 마테우스 이보컨과 베네딕투스 클레르크의 이름을 특별히 언급했다. 클레르크는 제주도 표류 당시 불과 열네 살이었던 소년으로, 배에서는 급사 역할을 했고 이보컨 다음으로 한국어를 잘했다고 한다.

이 책에서 비츤은 두 사람의 증언을 통해 17세기 조선의 언어, 지명, 숫자 등을 상세히 담았는데 희첩姬妾, 뭍고기肉類, 각시 등 17세기의 생생한 조선어가 채록되어 있다. 이보컨은 효종에게서 붉은 술을 얻어 마신 경험을 비롯해 조선에 머무는 동안 자신이 직접 체험한 여러 이야기를 전하고 있다. 효종이 북벌 정책을 추진했던 군대에서 근무한 경험을 들려주면서, 조선의 기병은 활과 화살을 휴대해 다니는 데 반해 보병은 머스킷 소총으로 무장하고 있다고 밝혔다. 머스킷 소총이란 흔히 '조총'으로 번역된다. 이보컨은 조선의 대포 관련 정보도 매우 구체적으로 증언했다.

차륜식 소총은 아직 조선인에게 알려지지 않았고 단지 화승 점화식 소총을 사용한다. 가죽 대포도 운용하는데, 안쪽에는 손가락 반 정도 구경을 지닌 포신을 두고 2~4,5인치가 되게 여러 겹의 두꺼운 가죽을 두른다. 이 대포를 한 필당 2문씩 싣고 군대의 뒤쪽에서 움직인다. 길이는 약 1.8m이며 꽤 큰 포탄을 쏠 수 있다.

수군의 주력 함선인 정크선은 2층으로 이루어져 있고 20~24개의 노가 설치되어 있으며, 노 하나당 5~6명이 배치된다고 말했다. 따라서 군인과 노꾼을 합해 이 정크선에는 200~300개의 손이 필요하며, 셀 수 없이 많은 철제 소형 대포와 대량의 화기가 배에 실린다고 소개했다. 조선에서 초석Saltpetre은 풍부하게 생산되기 때문에 양질의 화약을 제조하지만, 아직 화약의 알갱이를 고르게 하는 방법은 알려지지 않았다며 매우 구체적인 화약 정보도 전했다.

조선에 도착했을 때 열아홉 살의 나이였으니 네덜란드에서 충분한 교육을 받지는 않았을 것이다. 그럼에도 이보컨은 다양한 분야에 걸쳐 기술과 식견을 보유한 사람이었던 것 같다. 그는 하멜과 함께 여수에서 탈출한 8명 중 한 사람이다. 귀국 후 인터뷰는 남아있지만, 그 이후의 행적은 알려지지 않았다.

이기지의 포도주와
조선의 그랜드투어

청나라를 무너뜨리자는 효종의 북벌 정책은 한 세기가 지난 뒤인 18세기 후반 청나라를 배우자는 북학으로 대체된다. 그 사이 무슨 일이 일어났던 것일까? 여기에는 한 명의 위대한 여행자와 색다른 여행기가 큰 역할을 했다. 300년 전의 여행자 이기지와 그가 남긴 북경 여행기인 《일암연기一庵燕記》가 바로 그것이다. 일암은 이기지李器之(1690~1722)의 호다.

　하멜과 이기지, 두 사람은 활동했던 시기가 다르고 국적도 다르다. 한 사람은 조선을 방문한 인바운드 여행자였던 반면, 다른 한 사람은 조선의 국경 바깥으로 나갔던 아웃바운드 여행자였다. 다만 일상의 역사, 문화 교류사라는 관점에서 두 사람은 의외로 공통점이 적지 않다. 하멜이 한반도에 최초의 포도주를 선물했다면, 이기지는 1720년 해외에서 포도주를 시음하고 그 소감을 최초로 기록에 남겼다. 하멜이 제주도에 도착했던 때로부터 67년 뒤의 일이다.

호랑이는 죽어서 가죽을 남긴다면, 출장자와 여행자는 보고서와 여행기를 남긴다. 헨드릭 하멜이 서양인 최초로 조선에 관한 여행기를 써서 동서양 교류사에 분명한 발자국을 남긴 것처럼, 이기지는 조선 여행자 가운데 가장 두드러진 행적을 남겼다.

명·청 두 시대에 걸쳐 약 800여 차례 사행이 이루어지는데, 북경을 다녀와 남긴 기록을 가리켜 조천록朝天錄, 연행록燕行錄이라 부른다. 조선 사료《청선고淸選考》를 근거로 하면, 조선은 청나라가 북경으로 천도한 1644년부터 청일전쟁 발발로 조공이 폐지되는 1894년까지 총 451회 연행사를 파견한다. 반면 에도시대에 일본으로 보낸 통신사는 쇄환사를 포함해 총 12회밖에 없었으니 조선 시대에 해외여행이라고 하면 곧 중국을 의미했다.

현재까지 전해지는 조선 시대의 중국 여행기록은 100여 종이지만 여행코스나 내용이 대부분 비슷비슷하다. 교토대 후마 스스무夫馬進 교수는《조선 연행사와 조선 통신사》에서 연행기의 그러한 문제점을 냉정하게 지적한 일본인 학자다. 매년 조선 연행사가 중국으로 떠나는 시기와 경로가 거의 같고, 북경에서 머무는 숙소도 동일하며, 관광 코스조차 비슷했다. 사정이 이렇다 보니 가는 곳마다 읊는 시가詩歌의 주제 역시 천편일률적이었다. 가령 강녀묘姜女廟, 산해관山海關은 여행록마다 빠지지 않고 등장한다고 후마 교수는 꼬집었다. 심지어 북경을 먼저 다녀온 다른 사람의 연행기를 베껴 쓰거나 날짜 및 날씨 등 일부만 고쳐서 마치 자기가 쓴 것처럼 수록한 경우마저 있었다고 한다. 21세기의 일부 출장자들이 먼저 다녀온 선배들의 보고서 파일을 복사해 이름과 날짜만 바꿔 제출하는 부끄러운 풍토를 보는 것 같아 얼굴이 후끈거린다.

반면 300년 전의 여행자 이기지가 남긴 《일암연기》는 그 안에 실린 놀라운 내용과 후대에 끼친 영향에도 불구하고 어찌된 영문인지 세상에 널리 알려지지 않았다. 지적 열정으로 가득했던 그의 여행기는 문장과 문장 사이에 호마胡馬가 뛰노는 것처럼 힘찬 기운이 약동한다. 강희제가 청나라를 통치하던 시절만 해도 숙소인 법화사 밖으로 나가기 위해서는 청나라 통관이나 갑군甲軍의 허락을 받아야 하는 구차한 상황이었다. 따라서 사행단 대부분은 적극적으로 외출을 시도하지 않은 채 무료함을 감수하며 숙소 안에 머물렀다. 이기지는 달랐다. 끓어오르는 왕성한 지적 호기심이 어떤 장벽이든 뛰어넘어 거의 매일, 그를 밖으로 나가도록 이끌었다. 명승지나 고적은 물론이고 왁자한 저잣거리와 북경의 골목인 후통胡同을 그는 열심히 누비고 다녔다. 그리고 이를 기록으로 남겼다. 그래서 나는 이기지를 조선인 최초의 해외 골목길 여행자라 부른다. '골목길 여행자'라 함은 다르게 생각하고 다르게 행동했다는 뜻이다. 큰길에서 보이지 않는 것을 보고 가슴에 담는 사람인 것이다.

당시 북경에는 남당南堂 등 세 곳의 가톨릭교회가 있었다. 이기지는 일곱 차례나 가톨릭교회를 방문했고, 서양 선교사들은 세 번 그의 숙소를 답방했다. 길지 않은 북경 체류 동안 열 번이나 서로가 만났다는 것은 매우 큰 의미를 지닌다. 천주당과 서양 신부들은 그에게 종교에 앞서 서양을 이해하는 관문이었다. 그곳에서 이기지는 독특한 음료를 처음 시음한다.

색은 검붉고色紅黑 몹시 향기가 짙으며極芳烈 맛은 상쾌하였다淸爽. 나는 본래 술을 마시지 않지만, 한 잔을 다 비우고도 취하지 않았다. 뱃속이 편안해지고 약간 훈훈해졌을 뿐이다.

1720년 10월 10일, 이기지의 북경 여행기록이자 조선인 최초의 포도주 시음기였다. 처음임에도 불구하고 색과 향, 미각 등 포도주의 본질과 매력을 제대로 경험했음을 알 수 있다. 그가 서양 신부와 주고받는 문답에 따르면 그 포도주는 중국에서 서양식으로 빚은 술이 아니라 중국행 선박에 실어 유럽인이 가져온 서양 포도주였다. 북경에서 그의 포도주 체험은 계속된다.

또다시 포도주 석 잔을 내왔다. 지난번에 마신 것보다 맛이 더 나았다味勝. 연거푸 두 잔을 마셨더니 매우 취기가 느껴졌다. 입에 들어갈 때는 상쾌하고入口爽然 목으로 넘어갈 때는 부드러운 향기가 느껴지니薰然 그 맛을 형언할 수 없었다不可形言. 신선이 마시는 술玉液瓊漿이라 하더라도 이보다 더 좋지는 않을 것이라 생각하였다.

먼저 향을 즐기고 살짝 입에 적셨다가 목으로 넘기는 현대의 와인 애호가들만큼이나 진지한 체험이며 관찰이다. 보통 사람의 경우 와인을 연거푸 두 잔 비운다면 취기가 느껴지는 것은 당연하다. 이국 땅에서 처음 와인을 경험하면서도 이기지는 허세를 부리지 않고 솔직담백하게 기록으로 남기고 있다.

조선 여행자와 와인의 만남, 그것은 하멜이 제주도에서 주고받았던 술자리만큼이나 극적이다. 북경에서 이기지와 포도주의 만남은 계속된다. 그는 포도주로 병을 치료할 수 있느냐는 질문을 던지고, 서양 신부들은 포도주가 혈기를 크게 보강해주고 정기를 길러준다고 답한다. 고급 와인의 생산연도인 '빈티지', 와인과 음식의 조합을 의미하는 '페어링' 혹은 '마리아주' 같은 개념을 전혀 모를 때였고 지적인 과시도 아니었다. 포도주는 답답한 반도를 벗어난 조선 지식인에게 이국적인 호기심을 상징하고 지적인 갈증을 상징하는, 자유 영혼의 음료였다.

이기지가 북경에서 만났던 서양 신부들의 국적은 독일, 오스트리아, 벨기에, 프랑스, 포르투갈 등 다양했다. 특히 자주 어울려 토론했던 사람은 '비은費隱'. 오스트리아 출신인 그는 남당南堂의 책임 신부인 자비에르-에른베르트 프리델리로, 수학에 뛰어나고 만주와 압록강과 조선 북부 지역을 측량한 사람이었다. '소림'蘇森이라고 표기한 포르투갈 신부 조섭 수아레즈도 여러 번 만났다. 이들은 선교사인 동시에 천문학자, 과학자, 공학도였다.

이처럼 독특한 여행 경험을 했던 일암 이기지는 누구일까? 그는 세종 임금의 직계 후손으로, 수리학에 조예가 깊었던 부친 이이명은 이조판서와 병조판서를 거쳐 우의정·좌의정을 두루 지냈다. 대대로 문과와 이과에 두루 밝은 융합형 인재가 많은 집안이었다. 1720년, 숙종이 사망하고 경종이 뒤를 이어 왕위에 오르게 되자 조선은 왕위 계승 사실을 인정받기 위한 '고부사행告訃使行'을 청나라에 보내야 했다. 그 사행단을 이끈 책임자가 이기지의 부친 이이명이었으며, 이 사행길에 이기지가 자제군관子弟軍官의 자격으로 합류한 것이다. 그의 나이 만 서른 살 때의 일이다.

본래 북경으로 가는 연행사燕行使에서 정사와 부사, 서장관 등 고위직 세 명은 무인 출신 비공식 수행원을 개인 비용으로 데려갈 수가 있었다. 그러다 청나라와 관계가 안정기에 접어들면서 무인 출신 이외에도 유능한 자제나 친척을 일부 선발해 자제군관의 자격으로 해외 견문 기회를 주기 시작했다. 박지원과 홍대용이 북경에 다녀온 것도 자제군관의 자격이었다. 조선은 엄격한 국정통제 국가였으므로 사신단으로 따라가는 방법 말고 해외여행이란 애당초 꿈조차 꾸기 힘들었다.

서른 살 젊은 여행자 이기지는 북경에서 물 만난 물고기와 같

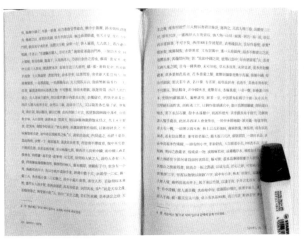

한국학중앙연구원이 펴낸 《일암연기》 원문편.
같은 시기에 나온 역주편이 따로 있다.

았다. 그가 포도주를 사이에 두고 서양 선교사들과 나눈 대화는
현대사회의 전문가 학술토론 모임을 의미하는 콜로키움에 비견
할 수 있다. 천문과 지리, 과학, 예술, 종교 등 다양한 분야에 걸
쳐 깊은 대화를 나눴다는 것은 그들과 지적인 소통이 가능할 정
도로 깊은 식견을 갖췄다는 뜻이기도 하다. 아버지가 성공한 선
비이자 당대 최고의 수학자였듯, 아들 이기지도 마찬가지였다.
인문학과 과학을 넘나들고 구체적인 포도주 레시피까지 묻는 그
의 모습은 이전 조선 사대부들에게서 찾아보기 어려운 지식 수
용 자세였다. 9월 27일의 일기를 읽어보자.

서양 떡西洋餠 30개를 내왔다. 그 모양이 우리나라의 박계薄桂와 비슷했는데, 부드럽고 달았으며 입에 넣자마자 사라졌으니入口卽消 참으로 기이한 맛이었다. 어떻게 만드는지 묻자 설탕砂糖과 달걀, 밀가루로 만든다고 했다.

여기서 말하는 서양 떡이란 무엇이었을까? 음식 재료와 맛 등을 종합해 볼 때, 그리고 그가 만났던 서양 선교사 가운데 포르투갈 출신이 여럿이었던 점으로 미루어 짐작할 때 카스텔라일 가능성이 높다. 이후 계속되는 방문을 통해 이기지는 에그타르트 혹은 파운드케이크라 짐작되는 서양 떡을 계속 접한다. 마치 21세기 여행자가 인스타그램에 맛집 투어를 올리듯이 그의 책에는 색다른 음식과 음료 소개가 가득하다.

더 흥미로운 것은 서양 신부들에게 답례로 그가 조선의 시루떡을 만들어 권하는 장면이다. 이기지라는 이름처럼, 기지 넘치는 답례방식이 아닐 수 없다. 18세기 초반 북경의 한복판에서 조선의 시루떡과 서양의 카스텔라가 만나는 장면은 제주도에서 하멜의 포도주와 조선의 전통 소주가 만난 것만큼이나 진귀한 역사의 한 페이지였다. 포크로 여겨지는 서양 차도叉刀, 세계지도, 서양화, 자명종을 선물로 받고 시루떡, 조선종이, 청심환 등으로 답례하는 모습은 문화교류라는 관점에서도 흥미진진하다. 이기지는 극동極東과 극서極西에서 온 사람들이 이국의 북경 땅에서 만난 것이야말로 하늘의 인연天緣이라며 감격스러워하고 있다.

극서란 유럽을 의미한다.

서양인과의 만남에서 조선 여행자 이기지는 열려있되 당당하고, 자존심을 지키되 상대방을 배려하고 존중하는 자세를 취하고 있다. 선교사들이 포도주와 카스텔라를 제공했던 것은 저명한 예수회 선교사 알렉산드로 발리냐노가 일본과 중국 등 아시아에서 주도한 '적응주의' 선교 규범의 일환이기도 했다. 그의 탁월한 선교 방식은 글로벌 기업의 현지화 전략의 모델로 연구될 정도다.

강희제가 통치하는 청나라는 조선이 추구해온 북벌 정책을 실행하기에는 너무도 강한 대국이며, 군사뿐 아니라 과학기술에서도 이미 조선과 현격한 격차를 보인다는 사실을 이기지는 북경에서 뼈저리게 인식했다. 18세기 초반 북경에서 서양 선교사들과 포도주를 마시며 천문학과 지리, 과학 등 다양한 주제로 담론을 나눈 뒤 만고의 비루함을 씻게 되었다고 감격하던 그의 목소리는 18세기 후반 조선 지식인들의 영혼을 뒤흔들어 놓았다.

호기심 많고 열정 충만한 그들에게 조선은 너무도 갑갑한 공간이었다. 넓은 세상을 동경하는 조선 지식인들에게 이제 포도주는 하나의 로망이 되었다. 연암 박지원은 《열하일기》에서 친구 홍대용의 말을 빌어 이 위대한 여행자의 이름을 언급하고 있다.

(조선의 선배 여행자 중에) 노가재 김창업이나 일암 이기지 같은 분은 모두 식견이 탁월하여 후인들이 도저히 따라갈 수 없네. 특히 그 식견은 중국을

잘 관찰한 점에서 아주 잘 드러나지.

　재능 넘치던 여행자 이기지와 그의 부친 이이명은 그러나 귀국 직후 불어닥친 신임사화에 연루되어 형장의 이슬로 사라진다. 불과 30대 초반으로 끝난 인생이었다. 하지만 그의 여행기는 살아남아 조선 후기 한반도에 새로운 혁신의 바람을 일으킨다. 홍대용, 유연, 이덕무, 박제가 등이 그의 여행기를 읽고 '이기지의 포도주'를 찾아서 중원으로 떠났다. 연암 박지원은 이기지의 여행 60년 뒤인 1780년 마침내 중국 만리장성을 넘고 《열하일기》라는 명작을 쓴다. 나아가 북학파의 지도자가 되어 실학이라는 위대한 정신을 낳는다. 이기지가 18세기 조선의 그랜드투어 바람을 일으킨 선구자였다고 내가 말하는 이유다.

　연암과 친구들은 폐쇄된 조선 사회에서 주류 안의 비주류를 자처한 보헤미안 지식인들이었다. 그들은 결핍에 시달렸다. 주머니의 결핍, 희망의 결핍 같은 것을 말한다. 결핍은 세상을 다른 관점에서 바라보게 한다. 결핍은 절실함을 낳고, 절실함은 금기의 장벽을 훌쩍 뛰어넘게 해준다. 결핍이 곧 혁신이라는 이름의 새로운 동력을 창조한다. 국경을 벗어나 외국을 만남으로써 그들은 조선이라는 사회와 스스로를 비로소 '타자他者'로 인식할 수 있었다. 북벌北伐이 북학北學으로 바뀌는 극적인 순간이었다.

남북산, 남이안의 운명과
하멜의 정보력

효종은 왕자 시절 병자호란을 겪고 그 직후 심양에 인질로 잡혀 가 명나라에서 청나라로 패권이 넘어가던 숨 막히는 광경을 직접 지켜본 사람이다. 불우했던 개인적 경험 때문인지 효종은 하멜 일행을 억류해두기는 했지만, 그들의 처지를 딱하게 여겨 여러모로 배려했다. 하지만 뜻밖의 사건이 터지면서 하멜 일행의 서울 생활은 1년 9개월 만에 끝난다.

청나라 사신이 왔을 때 벌어진 헨드릭 얀스 보스와 헨드릭 얀스의 소동이 바로 그것이었다. 두 사람은 장작이 다 떨어져 나무를 하러 간다는 핑계를 대고 집을 나선 뒤 청나라 사신이 지나가는 길에 숨어 있었다. 그러다가 마침내 청나라 사신이 모습을 나타내자 수백 명의 군졸과 기병 사이를 뚫고 들어가 사신이 탄 말 머리를 붙잡고 자신들의 딱한 사연을 애처롭게 설명했다. 그날의 사건을 하멜은 담담하게 적고 있다.

두 사람은 조선 의복을 벗고 안에 입고 있던 네덜란드 복장을 보여주었다. 이 일은 엄청난 소동을 불러일으켰다.

청나라 사신은 두 사람의 언어를 알아들을 수 없었지만, 자칫 위험천만한 사건으로 커질 수도 있는 소동이었다. 군사훈련에 참여하는 네덜란드인의 존재가 청나라 사신에게 드러나고, 서양인이 비밀리에 북벌을 준비하는 조선 군대의 일원으로 활동한다는 사실이 청나라 황제에게까지 전해진다면 효종의 왕위마저 위태로울 수 있었다. 다급해진 조선 조정은 청나라 사신에게 거액의 뇌물을 바쳐 함구하도록 매듭지었다.

소동을 일으킨 두 명은 붙잡혀 감옥에 갇혔다. 다른 일행도 왕궁에 끌려가 심문을 받은 후 각각 곤장 50대에 처하라는 판결이 내려졌다. 하지만 효종은 나머지 일행에게 그처럼 중한 처벌을 내리는 것을 만류했다. 그들이 태풍 때문에 이곳에 온 것이지 도둑질이나 약탈을 하러 온 것은 아니라는 게 이유였다. 하멜은 간신히 처벌을 피할 수 있었지만, 하옥되었던 두 사람은 끝내 감옥에서 목숨을 잃는다. 일행에게 면회가 허용되지 않아서 정확한 사인은 확인되지 않았다.

《승정원일기》는 소동을 일으켰던 헨드릭 얀스 보스, 헨드릭 얀스 두 사람을 각각 남북산南北山과 남이안南二安이라는 이름으로 기록하고 있다. 왜 남씨 성이 부여되었을까? '남南'이라는 성은 남만南蠻족이라는 단어에서 나온 것으로 추정된다. 그리 나쁜 의미는 아니었다. 하멜의 기록에도 비슷한 내용이 나온다.

> 조선인들은 우리나라를 '남반국'이라 부르는데, 이것은 일본인이 포르투갈을 부를 때 사용하던 이름이다. 그들은 우리에 대해서 또는 네덜란드에 대해서 아무것도 모른다. 남반국이란 이름도 일본인에게서 배운 것으로 이것은 담배 때문에 그들 사이에 널리 알려지게 된 말이다. (중략) 담배가 처음 소개되었을 때 그들은 담배 무게만큼 은을 주고 샀고, 그런 이유로 그들은 남반국을 세계에서 가장 좋은 나라의 하나로 우러러보게 되었다.

여기서 말하는 '남반국'이란, 남만南蠻의 일본어 발음인 '남반'과 국國의 합성어이다. 하멜에게도 조선식 이름이 주어졌겠지만, 아쉽게도 정확한 기록은 전해지지 않는다. 앞서 남북산과 남이안 두 사람의 이름으로 유추해볼 때 하멜에게도 남씨 성이 내려졌다면, 그의 조선 이름은 남하문 혹은 남하밀 정도가 아니었을까?

남북산, 남이안 두 사람이 일으킨 외교 소동에 대해 조선 조정은 크게 당황하는 한편 분노했다. 조선과 청 사이에 긴장감이 감돌던 때에 30여 명의 서양인이 효종의 호위무사를 하고 있다는 사실을 청이 알게 된다면, 그들을 앞세워 조선이 청을 공격하려 한다고 해석될 수도 있었다. 그야말로 가슴을 쓸어내릴 만한 사건이었다. 하멜 일행의 처리 문제를 두고 궁정의 대신들은 사흘 동안 회의를 열었다. 논의 결과 더 큰 외교 문제로 비화하는 것을 방지하기 위해 모두 사형해버리기로 의견이 집약되었다.

여기서 하멜의 뛰어난 정보력이 발휘된다. 자신들을 사형하려 한다는 조정 내 뉴스를 그가 접한 것이다. 하멜의 표현에 따르면 '우리에게 호의적인 믿을 만한 사람으로부터 전해 들은' 극비정보였다. 자신들의 처리 문제를 두고 회의를 주재하는 사람이 왕의 동생 인평대군이라는 것까지 알아냈다. 하멜 일행은 인평대군이 지나가는 길목을 지켰다가 무릎을 꿇고 눈물 흘리며 목숨만 살려줄 것을 간청한다.

서양 사나이들의 간절한 읍소는 대군의 마음을 움직였다. 많은 조정 대신들이 사형에 처할 것을 강하게 주장했지만, 효종과 그의 동생 인평대군이 만류한 덕분에 하멜은 간신히 목숨을 건졌다. 목숨은 살려두되 다시는 청나라 사신들의 눈에 띄는 일이 없도록 그들을 서울에서 멀리 떨어진 시골로 보내기로 한다. 하멜 일행은 1656년 3월 초 서울을 떠나 멀리 전라도 지방으로 이동하라는 명령을 받는다.

한양에서 1마일쯤 떨어진 강까지 벨테브레이와 평소 알고 지내던 사람 몇 명이 동행했다. 우리가 나룻배에 몸을 싣자 벨테브레이는 되돌아갔다. 그것이 벨테브레이를 본 마지막으로, 다시는 그의 소식을 듣지 못했다.

강나루에서 하멜과 눈물의 작별을 했던 벨테브레이, 아니 박연은 조선 여자와 결혼해 1남 1녀를 낳고 이국땅에서 곡절 많은 인생을 마감했다. 비록 고향 땅에 돌아가지 못하고 낯선 조선에서 눈을 감았지만, 그는 원산 박씨의 시조가 되었다. 박연의 후손 중에는 과거 명문 고등학교를 졸업하고 유명대학 공학과 교수가 된 사람도 있다.

미우라 안진과 얀 요스텐

조선에 박연과 하멜이 있었다면 일본에도 비슷한 두 서양인이 있었다. 네덜란드인 얀 요스텐Jan Joosten과 영국 출신 윌리엄 애덤스Adams가 그들이다. 박연과 하멜이 효종의 지근 거리에 머물렀던 것처럼 요스텐과 애덤스는 일본을 평정한 도쿠가와 이에야스에게 중용된 서양인이었다.

두 사람이 네덜란드 배 리프데Liefde 호를 타고 대서양을 지나 태평양을 항해하다가 일본에 표착한 것은 1600년 4월. 아직 네덜란드 동인도회사 설립 이전이며, 박연이 조선에 도착한 것보다 27년 전이다. 전국 통일을 위한 마지막 결전을 앞두고 있던 도쿠가와 이에야스는 리프데 호에 있던 서양 무기와 조선술, 항해술을 도입해 즉시 전력화하는 데 관심이 컸다. 박연과 하멜 일행이 처음 왔을 때 조선 왕이 보인 반응과 비슷하다. 이후 전쟁에서 승리를 거둔 도쿠가와는 에도시대를 열고 두 사람을 수시로 불러 서양의 신기술과 세계 지리·정세에 대해 자문받았다.

네덜란드인 얀 요스텐은 쇼군 앞에서 해박한 지식으로 세상이 어떻게 돌아가는지 들려주었다. 특히 유럽의 신교와 구교 대립, 종교의 차이로 인한 대외정책이 어떻게 다른 결과를 가져오는지 쉽게 설명해주었고 결과적으로 일본이 네덜란드와 직접 교역을 시작하는 데 디딤돌 역할을 한다. 그는 쇼군의 공식 외교정책 고문이 되어 최고 권력자의 거처와 다리 하나를 사이에 두고 살았을 정도로 귀한 대접을 받았다. 일본에서는 그를 '야요스耶楊子'라는 이름으로 불렀다.

영국인 윌리엄 애덤스는 두 척의 대형선박을 건조하는 프로젝트를 완수해 도쿠가와 이에야스의 신임을 받기 시작했고 일본인들에게 기하학과 수학, 지리 등을 가르쳤다고 한다. 애덤스는 도쿠가와 이에야스에게 영국으로 돌아가게 해달라고 간청했지만 받아들여지지 않았다. 도쿠가와는 애덤스 역시 외교 고문으로 임명해 바깥의 세상과 관련된 조언을 받았다. 그를 일본에 정착시키기 위해 가나가와현 미우라 반도에 저택이 딸린 방대한 교외 영지와 농노를 하사하고, '미우라 안진三浦按針'이라는 일본 이름도 주었다.

그는 일본 복장을 하고 정식 사무라이가 된 최초의 서양인이며 많은 소설과 영화에 영감을 준 주인공이다. 그의 일본 이름 안진按針은 영어로도 '도선사 미우라the pilot of Miura' 혹은 네비게이

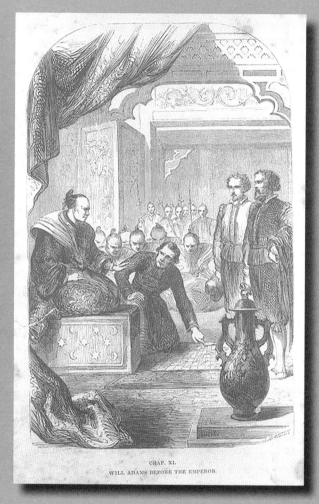

CHAP. XL.

WILL ADAMS BEFORE THE EMPEROR.

일본에 들어온 최초의 영국인 윌리엄 애덤스.
일본 이름 미우라 안진, '도선사 미우라'라는 이름으로도 서양에 알려진 윌리엄 애덤스는 일본에 들어온 최초의 영국인이자 도쿠가와 이에야스로부터 농노를 하사받고 사무라이가 된 최초의 서양인이었다. 도쿠가와 앞에 무릎을 꿇은 모습의 서양인이 바로 윌리엄 애덤스이다.

터navigator라 소개되는데, 뱃길이나 항해 안내자란 뜻이다. 본래 직업인 항해사란 의미도 되고 일본이 해외로 통하는 길을 알려 준 안내자라는 이중적 의미를 담고 있다. 미우라 안진은 일본 여자 오유키와 결혼해 1남 1녀를 남겼고 일본에서 1620년에 생을 마감한다.

그의 생애는 조선에 왔던 박연과 비슷한 점이 많다. 윌리엄 애덤스가 사무라이가 되고 미우라 안진으로 개명한 것처럼, 네덜란드 남자 벨테브레이는 조선의 장수가 되고 박연으로 이름을 바꾸었다. 다만 한 가지 확실히 다른 것이 있다. 이방인을 기리는 각종 기록과 기념비의 유무다. 일본에는 미우라 안진과 얀 요스텐의 묘지, 업적을 기리는 기념비와 다양한 기록들이 남아있다. 이에 반해 조선인으로 귀화해 많은 공을 세웠으며 조선 땅에 묻힌 박연과 관련된 역사적 자취는 거의 없다. 심지어 그가 서울의 어디에 살았는지, 어느 곳에 묻혀있는지 남은 기록도 없다. 30여 명 하멜 일행의 흔적 역시 찾기 어렵다.

마리이, 지완면제수,
안토니오 코레아

한반도에 최초로 도착한 서양인은 누구였을까? 하멜은 물론 박연도 아니다. 박연에 앞서 이미 여러 명의 서양인이 조선 땅을 밟았다. 1571년 포르투갈 출신 예수회 신부 가스파르 빌렐라가 조선 포교를 시도했으나 실패했다는 예수회의 기록이 남아 있지만, 그의 조선 방문은 이뤄지지 않았다. 서양 문헌에 따르면 1577년 마카오를 떠나 일본으로 항해하다 조선에 표류한 포르투갈 사람 도밍고스 몬테이루 선장도 있었다고 하는데 조선의 문헌에서는 확인되지 않는다.

1578년, 이탈리아 신부인 안토니오 프레네스티노는 마카오에서 나가사키로 향하다가 태풍을 만난 경험을 토대로 〈1578년 일본행 포르투갈선 표류 항해기록〉이라는 글을 썼다. 이 글에서 "코레아에는 야만적이고 잔인한 백성이 사는데, 다른 나라 사람과 통상을 바라지 않는다"는 항해 안내자의 언급을 짧게 소개하고 있을 뿐, 그 역시 조선 땅을 밟지는 못했다. 공식기록에 나타난 최초의 서양인은 '마리이馬里伊'라는 남자다. 그는 1582년 1월 1일 중국 요동 지역 사람인 조원록 등과 함께 표류하다가 한반도에 첫발을 내딛게 된다. 하멜이 제주도에 표류한 것보다 71년 앞선 기록이다. 조선은 마리이를 비롯한 일행을 명나라로 가는 사신 편에 함께 돌려보냈다고 《선조수정실록》은 기록하고 있다. 마리이는 어느 나라 사람이었을까? 당시 항해술의 발전 상황이나 중국과 일본에 왔던 사람들이 대부분 포르투갈 출신이었던 것으로 미루어 볼 때, 포르투갈 이름 마링예이루Marinheiro에서 첫 두 음절을 따와 '마리이'라 기록했다는 설이 유력하다.

조선 시대 남원의 의병장 조경남이 기록한 《난중잡록亂中雜錄》에 정유재란 당시 조선에 왔던 명나라 군인 가운데 포르투갈 흑인 용병 네 명이 참전했다는 내용이 나오는 것도 흥미롭다. 포르투갈의 임진왜란 참전 사실은 조선에 왔던 중국 사신의 전별을 그린 그림인 '천조장사전별도'天朝將士餞別圖에도 나와 있다. 이 그림에서 주목되는 부분은 '해귀海鬼'와 '원병삼백猿兵三百'이라고 쓴 깃발인데 이는 임진왜란에 포르투갈 군인과 여진족 출신으로 구성된 군인들도 참전했음을 의미한다. 1598년 명나라의 장군 팽신고가 선조에게 '파랑국 군인들'을 소개했다고 조선 역사에는 기록되어 있다.

임진왜란 당시 중국 사신의 전별 장면을 그린 '천조장사전별도'의 일부.

그림 중앙에 '원병삼백猿兵三百'이라고 쓴 깃발이 보인다. 왼쪽 상단 수레에 탄 병사들은 일명 '해 귀'라고 불리던, 포르투갈 흑인들이다.

명나라군이 4만 7,000여 명이었다. 해귀 4명이 있었는데 살찌고 검고 눈이 붉고 머리카락이 솜털 같았다.

파랑국波浪國이란 포르투갈을 말한다. 포르투갈이 당시 동아시아 최대 국제전쟁인 임진왜란에 깊숙이 관여했음을 알 수 있다. 흑인 노예 용병을 가리켜 '해귀'라 표현한 것도 주목할 만하다.

임진왜란 때 왜군과 함께 따라온 스페인 신부 그레고리오 데 세스페데스Gregorio de Cespedes도 흥미로운 인물이다. 그는 본래 나가사키를 중심으로 포교 활동을 벌이고 있었는데, 전쟁이 한창이던 1593년 12월 27일 진해의 웅천에 상륙해 1595년 6월 초순까지 1년 6개월가량 머물렀다. 그가 일본인 수사 한칸 레온과 함께 왜군 천주교 신자들을 대상으로 미사 집전과 세례를 했다고 한다. 진해의 웅천왜성 부근에는 조선 최초로 미사가 집전된 장소라는 안내판이 서 있다.

세스페데스가 조선에 올 수 있었던 건 조선 침략의 선봉에 섰던 제1군에 고니시 유키나가小西行長를 비롯해 규슈의 아리마, 오무라 등 가톨릭 다이묘大名들이 포진하고 있었기 때문이다. 세스페데스 신부는 포로로 잡힌 조선 병사나 양민들에 대한 포교 활동도 했다. 그는 쓰시마에 잡혀 와있던 조선인 소년 포로들을 여러 명 풀어주었는데, 그중 한 명이 빈센트 권Vicent Kaun이다. 빈센트 권은 명나라 북경에 파견되었다가 일본으로 돌아와 1626년에 순교했다고 한다. 나가사키에는 조선인 포로들이 세운 '성로렌초 성당'도 있었다.

비슷한 시기 일본의 노예 상인에게 잡혀갔다가 피렌체의 상인 프란체스코 카를레티를 만나 그와 함께 유럽까지 갔던 안토니오 코레아라는 조선 출신 사나이의 이야기도 전해져온다. 카를레티의 기록에 따르면, 안토니오 코레아는 카를레티를 따라 네덜란드를 경유해 로마로 갔다고 한다. 만약 이 기록이 사실이라면 그는 하멜과 박연에 앞서 네덜란드와 첫 인연을 맺은 조선인이 되는 셈이다. 바티칸에서는 1610년 가톨릭 선교를 위해 그를 조선에 파견하려 했지만 성사되지는 않았다.

임진왜란 직후인 1604년에는 또 다른 포르투갈 사람이 조선 땅을 밟는다. 조선의 국경일지인 《등록유초》와 《연려실기록》 그리고 《접왜사목초록》 등에는 이와 관련된 내용이 상세히 기록되어 있다.

지완면제수之緩面第愁는 보동가류寶東家流 출신인데, 본국을 떠난 지 거의 15년이 됐다. 일본으로 무역을 하려고 중국인들과 함께 가다가 왜적에게 약탈당한 뒤 함께 왜선을 탔다가 태풍을 만나 조선에 표착했다. 지완면제수가 거느리고 온 한 명은 흑체국인黑體國人인데, 이른바 해귀海鬼이다.

'지완면제수'란 주앙 멘데스, '보동가류'는 포르투갈을 말한다.

그리고 '흑체국인'이란 아프리카 흑인, '해귀'는 노예를 의미한다. 당시 멘데스의 나이는 서른네 살, 포르투갈 출신 무역상이었다. 그는 본래 캄보디아에서 일본 나가사키로 가는 항해에서 해적인 왜구를 만나고, 다시 일본 배를 탔다가 태풍을 만난 비운의 주인공이다. 중국 복건성 사람 16명과 일본인 남녀 32명, 흑인 1명과 함께 조선 수군에 생포된 뒤 4개월 동안 조선 땅에 억류됐다. 관례에 따라 그는 중국으로 떠나는 사신 편에 다른 중국인들과 함께 송환됐다. 현재 통영 산양읍 삼덕항에 기념비가 세워져 있다.

네덜란드 한국학 연구자인 지명숙과 왈라벤의 공동저서 《보물섬은 어디에: 네덜란드 공문서를 통해 본 한국과의 교류사》에 따르면, 1622년 조선 해안에 네덜란드 선박 '드혼트De Hondt'가 표착했지만 조선 해안경비대의 강력한 저항을 받아 상륙에는 실패했다고 한다. 그후 5년 뒤인 1627년에 도착한 사람이 박연으로 개명하고 귀화한 네덜란드 사람 얀 얀스 벨테브레이, 그 뒤를 이어 하멜 일행이 조선 땅을 밟는다.

제주도에 온
최초의 필리핀 사람과 문순득

하멜이 도착할 무렵에도 여러 차례에 걸쳐 중국 선박의 해난사고로 인한 승선자 처리 문제 때문에 곤란을 겪었다. 하멜 일행이 제주도에 표착하기 1년 전인 1652년에 유사한 해난사고가 있었다. 당시는 효종 3년이고 청나라는 순치 9년이었다. 배에는 중국인 28명이 타고 있었는데, 그들이 본국인 중국 대신 일본으로 보내달라고 간청을 했다.

"일본으로 건너가려고 하는 사이에 명나라가 청나라로 바뀌고 말아 이제 청나라로 돌아가려 생각해 항행하는 중이었으나 난파하고 말았으니, 만일 북경에 송환된다면 도정이 길어서 도저히 살아서는 돌아가지 못할 것이므로 자비를 베풀어 일본에 보내주십시오."

유사한 사례는 1667년, 1670년, 1681년에도 잇따라 일어났다. 이때는 명나라에서 청나라로 왕조가 교체되는 시기인 순치제부터 강희제의 20년 사이였다. 일부 남쪽 지방을 중심으로 반청 활동이 완전히 제압되지 않아 대단히 예민한 시기여서 청나라는 강력한 해금海禁 정책을 펴고 있었다. 표류한 중국 선원 일부는 만주족 머리 모양으로 체발剃髮하지 않은 상태여서, 만약 그들을 청나라로 송환하면 반청 혐의로 중대한 처벌을 받을 게 뻔했다. 그렇다고 그들의 상황을 고려해 청나라에 통보하지 않거나 원하는 대로 일본으로 보낸다면, 나중에 그 책임을 조선이 뒤집어쓸 우려가 있었다. 외교적으로 너무 큰 위험이었다. 조선은 결국 선원 전원을 중국으로 송환했다.

비록 대항해는 아니었지만, 동아시아에서도 바다 여행은 매우 위험한 것이었다. 조선에서 중국, 중국에서 일본으로 가는 바닷길조차 악천후로 인한 해난사고가 끊이지 않았다. 목포 국립해양유물전시관에서 전시 중인 수중발굴 보물선 '신안선'을 보면 현대 이전의 바다 여행이 얼마나 위험한 것이었는지 짐작할 수 있다. 1323년 중국에서 일본으로 항해하던 중 고려의 신안 앞바다에서 침몰한 34m 규모의 선박인데, 해난사고 650년 뒤인 1976년 바닷속에서 유물 2만 7,000여 점과 함께 건져 올렸다.

신안선 유물 가운데는 세계적으로 유명했던 중국 도자기와 금속공예품, 동남아시아의 후추를 비롯한 향신료, 자단목, 고려의 청자, 일본의 칠그릇, 무기류 등이 포함되어 있어 당시 활발했던 동아시아 무역 활동과 문화교류의 면모를 살펴볼 수 있다. 배 안에서 발견된 글을 적은 목간木簡에는 교토의 도후쿠지東福寺, 후쿠오카의 하고자키구筥崎宮 등 일본 유명사찰 이름이 적혀있다. 선상생활에 필요한 중국 냄비와 일본 신발인 게다 등도 발견되어서, 이 배의 선원들이 일본인과 중국인이 섞인 혼성팀으로 구성되었다는 사실까지 알 수 있다. 고려의 수도 개경은 근교 외항인 예성항을 통해 일본의 하카타博多 등과 자주 교류했고, 중국으로 향하는 배에는 고려와 일본의 승려들도 적지 않게 승선했다.

바다의 위험은 외교 담당 사신단이라고 해서 비껴가지 않았다. 명나라에서 청나라로 교체되던 시기, 요동 반도부터 압록강에 이르는 교통 루트가 후금국의 손에 들어갔다. 이로 인해 서울에서 북경으로 가려면 바다를 통할 수밖에 없는 상황이 되었다. 바로 그 시기에 북경에서 귀국길에 올랐던 조선 사신단이 철산취(지금의 여순旅順 부근)에서 해난사고를 당했고, 사신과 서장관이 익사하는 불상사가 일어났다. 이 해난사고 이후 북경 사신단으로 파견되는 것을 피하려고 적잖은 뇌물을 쓰는 사람마저 있었을 정도다. 명나라 역시 유구(지금의 오키나와)에 사자使者로 가는 것을 일종의 '죽음으로의 여행'으로 간주했다. 이처럼 바다는 목숨을 건 생활 현장이었다.

조선 시대에는 주로 해안가에 살았던 사람들이 바다를 항해하다가 중국, 일본, 베트남 등으로 표류하는 경우가 많았다. 이훈이 쓴《항해와 표류의 역사》중 '조선인의 표류와 기록물'에 따르면 임진왜란 이후부터 19세기 중엽까지 일본에 표착한 사례만 1,000건이 넘으며, 관련된 조선인의 숫자도 1만 명 이상이다. 가장 흥미로운 사례는 홍어 상인 문순득의 이야기다.

문순득은 1802년 전남 신안군의 태사도에서 표류해 유구(오키나와) 지역과 여송呂宋(지금의 필리핀), 오문澳門(마카오) 등을 체험하고 중국 대륙을 거쳐 1805년 1월 고향에 돌아왔다. 흥미진진하고도 이색적인 경험담은 문순득의 고향 우이도에 유배와 있던 정약전과 그의 동생 정약용의 제자 이강회에 의해 기록되어《표류시말》이라는 책으로 남았다.

한편 문순득은 필리핀에 머무는 동안 현지 언어인 타갈로그어를 조금 배웠는데, 귀국 후 제주도에 표류해 온 사람들이 있다는 말을 듣고 현장에 파견되어 이들을 만난다. 통역 과정에서 문순득은 그들이 필리핀에서 온 사람이라는 것을 알아냈고, 중국과 마카오를 거쳐 고향에 돌아갈 수 있도록 도움을 주었다.

문순득의 표류기와 이후 필리핀 사람과의 교섭과정은 하멜의 모험만큼이나 진귀하고도 흥미롭다. 조선의 위정자들은 인식하지 못했지만 한반도는 이미 해양 문화권으로 발을 성큼 들여놓고 있었다.

5장

강진 생활과 절밥

청나라 사신 사건에 휘말려 목숨을 잃을 위기에 처했다가 간신히 살아난 하멜은 1656년 3월 초 서울을 떠난다. 제주도에서 서울로 올라올 때의 노정을 역순으로 내려가 마침내 도착한 곳은 전라도의 강진 병영이었다. 강진은 서울에서 자동차를 타고 다섯 시간 이상 열심히 달려야 도착할 수 있으며, 목포에서도 자동차로 40분쯤 가야 하는 먼 곳이다. 행정구역상 전라남도 강진군에 속하는 병영면은 영암군과 강진군 사이에 자리 잡고 있으며 해남군에서도 멀지 않다. 지척에 있는 영암은 상경하던 길에 동료 한 명의 주검을 묻고 간 장소였다.

하멜은 1656년 3월부터 1663년까지 7년 동안 병영에 체류한다. 조선에 억류되었던 13년 28일 중 절반이 넘는 기간이다. 이렇듯 특별한 인연으로 인해 강진과 하멜의 고향 호르쿰 시는 1998년 자매도시가 되었으며, 월드컵축구의 영웅 거스 히딩크 감독도 2012년 5월 강진을 방문했다.

조선 팔도의 하고많은 지역을 제치고 하멜은 왜 이곳으로 오게 된 것일까? 그곳에 전라 병영兵營성이 있었기 때문이다. 청나라의 눈에 띄지 않게 중앙에서 최대한 먼 곳으로 보내려다 보니 선택한 곳이다. 병영면에 걸린 안내자료가 설명하는 병영성의 유래를 읽어보자.

전라 병영성은 1417년, 태종 17년 때 축조하여 19세기 말인 1895년 갑오개혁 때까지 전라도와 제주도를 포함해 53주 6진을 총괄한 육군의 총지휘부였다. 성곽의 전체 길이는 1,060m, 높이는 3.5m, 면적은 93,139 m², 오랫동안 버려진 상태로 성곽 내의 건물이나 유적은 소실되어버린 상태였는데, 1997년 사적으로 지정된 이후 성벽과 성벽의 복원은 마무리되었다.

강진에 도착한 하멜 일행은 전라병영의 사령관이라 할 수 있는 병사兵使 (병마절도사)에 배속된다. 강진 도착 직후 하멜은 뜻밖에도 1년 전 남쪽으로 강제 발령받았던 이보컨 등 세 명의 네덜란드 동료들과 극적으로 해후한다. 그 세 명은 한국어를 가장 능숙하게 구사했기에 청나라 사신 앞에서 벌인 남북산과 남이안의 사건 직후 우수영右水營이 있던 해남으로 서둘러 빼돌려 놓은 상태였다.

조정에서는 비밀로 했지만, 하멜은 이미 오래전부터 그들과 연락이 닿아있었다. 남쪽으로 보내진 세 명이 서울에 머무는 동료들에게 비밀리에 편지를 보내 본토 최남단에서 엄중한 감시 속에 그럭저럭 지내고 있다고 알려온 것이다. 통신이 여의치 않던 시절 어떤 인편을 통했는지 구체적인 내용은 알 수 없지만, 하멜 일행이 서로 긴밀한 연락을 취하고 있었다는 짐만은 분명하다. 고통과 직면할수록 동료들과의 소통이 중요하다. 고립은 죽음이고, 연결은 살아있음이다. 힘들수록 끈끈하게 연결되어 서로를 배려하고 지켜주어야 한다. 축구나 배구 같은 경기에서 지치고 힘들수록 서로 말을 하고 적극적으로 소통하라고 해설자들은 강조한다. 그래야 실수를 줄이고 작전대로 경기를 이끌 수 있기 때문이다. 소통은 결과가 아니라 관계이고 과정인 셈이다. 그렇게 해서 33명의 네덜란드 남자들은 강진에서 다시 하나가 된다.

병영의 절도사는 하멜 일행이 함께 기거할 수 있는 시골집을 마련해주었다. 도착한 다음 달인 1656년 4월, 난파당한 배 스페르베르 호에서 건져 올린 사슴 가죽도 전달받으면서 하멜 일행은 남도 생활에 서서히 정착해 나간다.

이 가죽 덕분에 우리는 옷 몇 벌을 살 수 있었고 새로 머물 곳에서 필요한 것들을 마련할 수 있었다.

병영에서 처음 만난 절도사는 하멜 일행을 비교적 잘 대해 주었다. 한 달에 두 번 시장이나 관가 앞 광장의 풀을 뽑고 그 광장을 깨끗이 유지하는 의무만 다하면 비교적 자유롭게 지낼 수 있도록 배려했다.

병영성 안에는 책임자인 병사兵使의 관저와 관청, 군량미를 저장하는 군창軍倉, 병사가 풍류를 즐기던 연희당이란 이름의 정자도 하나 있었다. 하지만 그런 건물들은 대부분 사라져 현재는 찾아보기 힘들다. 하멜이 동료들과 함께 허드렛일을 하고 풀을 뽑으며 노역했던 병영성 안에는 잡초가 무성하다. 엉뚱하게도 마당 한가운데 현대식 탱크 한 대가 놓여있을 뿐이다.

연대 의식과 공감

강진 병영성 건너편 네덜란드 풍차가 서 있는 곳은 '하멜촌'이라 불린다. 2021년 상반기와 여름에 두 차례 방문했으나 하멜 기념관은 문을 닫고 한창 공사 중이었다. 강진군의 공식 사이트에 묘사된 하멜 기념관의 원래 개념은 이렇다.

> 타원형의 목조 건축으로 지어진 왼쪽의 전시관은 하멜이 표착한 남도의 섬을 상징하며, 오른쪽 각진 형태의 건물은 망망대해에 표류한 조난선 스페르베르 호를 상징한다.

전시실은 《하멜보고서》를 비롯해 하멜의 생애, 17세기 조선과 네덜란드의 역사·문화를 알 수 있는 다양한 주제로 공간을 꾸며 놓고 있었다. 강진군 관계자의 말에 따르면 2021년 말 증축 공사를 끝낸 뒤 전시관의 문을 다시 열 계획이며, 병영성에서 새

강진 병영마을 병영성 터에 세워진 비석(왼쪽
상단)과 하멜촌 앞의 네덜란드식 풍차(오른쪽
하단).

롭게 출토된 유물과 고려청자도 기념관에 추가 전시할 예정이라고 한다. 하멜 동상도 제자리로 돌아오게 된다.

하멜이 병영마을 어느 곳에서 살았는지 짐작이라도 할 수 있는 기록은 아쉽게도 존재하지 않는다. 전시관 뒤에는 천연기념물 성동리 은행나무가 우뚝 서 있다. 800년 수령을 자랑한다고 하니 하멜의 모습을 지켜본 유일한 생명체다. 은행나무 그늘에서 먼 하늘을 올려다보며 하루하루 시간을 죽이고 있었을 하멜의 지친 얼굴이 겹쳐 보였다.

서울에 머물 때는 비슷한 처지인 데다 경험이 많았던 박연의 도움으로 이국 생활의 고단함과 고향에 대한 향수를 이겨낼 수 있었다. 비록 낯선 나라이기는 하지만 왕국의 수도에 거주하며 왕의 얼굴도 보고 권세들의 초대도 받으면서 그럭저럭 좋은 시간을 보냈다. 반면 강진 병영은 남도의 외진 시골 마을이었다. 삶의 질은 서울 시절과 비교하기조차 민망할 만큼 열악했다. 해가 바뀌어 새로 부임한 절도사는 엄격함이 지나쳐 하멜 일행에게 매우 가혹했다고 한다. 그들은 효종이 하사한 정량의 쌀로 식량은 확보했지만, 나머지는 자급자족해야만 했다.

우리는 구걸과 남아있는 식량으로 추위를 견디고 필요한 것들도 장만할 수 있기를 바랐다. 또한 우리는 종종 쌀과 함께 소량의 소금만 함께 먹고서 반 마일씩 걸어 다녀야만 했다.

그들은 기근과 배고픔에 시달리며 하루하루를 버텨내듯 살아가고 있었다. 왕실에서 공식적으로 제공되는 쌀만으로 살아가기 힘들어 하멜 일행은 부지런히 돌아다니며 먹을 것과 일상용품을 얻어왔다. 그렇게 밖에 나가 "얻어온 것은 모두 공평하게 나눠 가졌다"고 하멜은 적고 있다.

배고픈 것은 참을 수 있지만, 배 아픈 것은 참기 힘든 법이다. 재물의 절대량보다 더 중요한 것이 나눔의 투명성과 신뢰성이다. 식량과 물품을 나누고, 아픔과 슬픔을 나누고, 희망도 함께 나누었다. 하멜 일행이 보여준 단단한 연대 의식은 상대에 대한 믿음에서 비롯된다. 출구를 찾을 수 없는 극도의 고통 속에서도 그들은 서로를 신뢰하고 굳게 의지했다.

위기가 계속되고 체력과 정신력이 고갈되면 내부를 향해 서로 총질을 한다. 말과 감정의 총질을 해대기 쉽다. 그런 면에서 볼 때 자제력을 잃지 않고 서로를 위로하며 응원해준 하멜 일행의 동료애는 참으로 빛난다. 혼자만 살아남겠다고 동료를 이간질할 수도 있었을 텐데 그들은 그러지 않았다. 물론 인간사회이기 때문에 갈등이 없지는 않았겠지만, 최소한 하멜의 일지에 그런 기미는 보이지 않는다. 오히려 서로를 믿고 의지하는 힘으로 궁핍한 날들을 견뎌낸 흔적들만 드러난다.

공감sympathy이란 단어는 어원으로 보면 '함께 고통을 겪다'라는 그리스어 'soun pathein'에서 왔다고 한다. 동정compassion이란 어휘도 '함께 고통을 겪다'라는 뜻의 라틴어 'cum patior'에서 유래했다. 《상상력 사전》에서 저자 베르나르 베르베르는 연대 의식은 기쁨이 아닌 고통에서 생기고, 즐거운 일을 함께 한 사람보다 고통의 시간을 함께 나눈 사람에게 더 친근함을 느끼는 법이라고 강조한다.

이렇다 할 학식도 없는 선원들이 보여준 장기간의 연대 의식과 서로 간 매끄러운 소통 능력은 훌륭한 연구대상이다. 그것은 하멜을 비롯한 리더 그룹의 역할이 없었다면 애당초 불가능한 일이었다. 그 리더십에는 공평한 나눔과 의사결정의 투명성이 자리 잡고 있었다. 사회학자 게오르그 짐멜의 말처럼 돈은 자유를 선사하지만 자칫 연대를 빼앗아가기도 하는 법이니 말이다.

더치페이와 네덜란드 정신

하멜은 네덜란드 사람이다. '네덜란드적'이라 함은 과연 어떤 의미일까? 식당에서 식사한 뒤 각자 나눠서 계산하는 것을 가리켜 우리는 흔히 '더치페이'라 하지만, 영어권 사람들은 오히려 'dutch treat', 'go dutch'라는 표현을 쓰거나 'split the bill(계산서를 나누자)'이라 말한다. 왜 각자 내는 계산방식에 '더치'라는 개념이 들어갔을까? 네덜란드 사람들은 구두쇠이며 지독할 정도로 계산에 밝은 사람들이라는 편견에서 비롯되었다.

영어에서 네덜란드의 형용사 '더치'라는 단어가 들어있으면 부정적인 표현인 경우가 꽤 많다. 이를테면 Dutch Concert(불협화음, 소음), Dutch courage(술김의 객기), Dutch Uncle(듣기 싫은 잔소리 늘어놓는 꼰대) 같은 용어가 그런 사례다. 네덜란드 사람들이 지독하며 예의 없다는 부정적 인식이 담겨있다. 이는 오랫동안 네덜란드와 무역전쟁을 치르고 적대관계였던 영국인들에

의해 만들어진 이미지이다.

1602년, 네덜란드가 아시아 지역 식민지 경영 및 무역 활동을 위해 동인도회사를 세운 뒤 영국과 식민지 경쟁에 나서면서 두 나라의 적대관계는 시작된다. 하멜이 조선에 오기 1년 전인 1652년 영국과 네덜란드 사이 1차 전쟁이 터진 것을 시작으로 양국 간에는 세 차례나 전쟁이 있었다. 당연히 두 나라 사이의 갈등이 생길 수밖에 없었다. 아직도 영국식 영어에는 네덜란드 사람과 네덜란드의 문화를 비하하는 표현의 잔재가 남아있다.

네덜란드 사람들은 일상생활에 허례허식이 적고 절약이 몸에 배어 있다. 음식문화도 간소하기 이를 데 없다. 네덜란드에서 초대를 받으면 진수성찬은 기대하지 않는 게 좋다. 힘든 자연과 싸워온 그들에게 자연스레 몸에 밴 전통이다.

하지만 예외도 있다. 2002년 월드컵 당시 나는 히딩크의 고향을 방문해 카페에 모여 축구를 시청하던 사람들을 취재했다. 경기가 끝나고 나오면서 우리 일행이 먹고 마신 비용을 계산하려고 하자 카페 주인이 했던 말을 아직도 잊을 수 없다.

"뭘 여기까지 와서 내려고 해. 그냥 가, 내가 쏠 테니까!"

당연한 얘기겠지만 그곳도 인간의 따스한 피와 정이 흐르는 땅이다. 네덜란드는 오랫동안 이중, 삼중의 적과 싸워왔다. 지정학적으로 네덜란드는 북해 맞은편으로 영국이 위치하고, 국경 주변에 독일, 프랑스 등 강대국들이 자리 잡고 있다. 오랫동안 신성로마제국의 영토였으며 스페인의 지배를 받았다. 1568부터 시작된 스페인과의 독립전쟁을 끝내고 국제사회로부터 공식적으로 독립을 인정받은 것이 1648년이었다. 무려 80년의 길고 긴 독립 과정이었다. 자유에 대한 신념이 남다른 이유다.

네덜란드는 국토라고 해봐야 남한 면적의 절반도 안 되며 인구는 1,600만 명으로 내수시장 규모는 하나의 시장으로서 의미가 없을 정도로 작다. 한국의 현실과 비슷하다. 네덜란드는 그러나 한국보다 더 어려운 문제를 안고 있으니 척박한 자연조건이다. 네덜란드Nederland라는 국가 이름부터 '낮은 땅', 저지대라는 뜻이다. 암스테르담의 공항인 스히폴Schiphol은 '배들의 무덤'이란 의미로, 그 지역이 옛날에는 센 물살로 잠겼던 데서 유래했다. 공항은 해수면보다 훨씬 낮은 해발 −4.5m, 최대도시 암스테르담 역시 해발 −2~3m로 국토의 24%가 해수면보다 낮다.

이처럼 하멜의 조국 네덜란드 사람들에게 자연은 언제나 생존을 위협하는 존재였다. 이 나라를 여행하다 보면 풍차와 그 옆에서 풀을 뜯는 양과 소 등 목가적인 풍경을 자주 만난다. 그런데 조금 더 세심하게 관찰하면 다이크dijk(둑), 다인duin(모래언덕), 폴더polder(간척지), 싱얼single(방어용 해자) 같은 단어가 자주 눈에 띈다. 한편으로 낭만적이지만 다른 한편으로는 거친 자연환경과 싸우고 길들여 살고 있다는 의미다.

1653년은 하멜이 조선에 도착한 해인 동시에 암스테르담 시

17세기 네덜란드의 바로크 화가 야코프 반 데르 윌프트가 그린 암스테르담 시청.
하멜이 조선에 도착한 해인 1653년 습지대 위에 1만 3,659개의 말뚝을 박아 세웠으며, 현재는
왕궁으로 쓰인다.

청(지금은 왕궁)이 지어진 해이다. 암스테르담 광장에 위풍당당
한 모습으로 서 있는 이 건물을 짓기 위해 무려 1만 3,659개의
말뚝이 습지대에 박혔다고 한다. 아직 기계화 이전이어서 모든
것을 사람의 힘에 의지하던 시절이라 말뚝 박기에 동원된 인력
은 허리가 부러질 정도로 험한 노동에 시달려야 했다. 스칸디
나비아에서 가져온 매우 단단하고 휨 없는 나무로 만든 말뚝을
12~18m나 깊숙하게 박아줘야 하는 노동이 얼마나 고됐던지,
말뚝 박기를 의미하는 '헤이언heien'이란 단어가 지금도 네덜란드

의 노래와 설화 속에 남아있다고 한다. 암스테르담 중심을 동심원처럼 둥글게 둘러싸고 있는 아름다운 운하들 역시 인공적으로 조성한 수로들이다.

"신은 세상을 창조했지만, 우리는 스스로 네덜란드를 만들었다God created the world but the Dutch created the Netherlands."

밖으로 외세의 침략을 막아내고, 안으로 열악한 자연과 싸우면서 스스로 일궈낸 국토에 대한 네덜란드 사람들의 자부심 섞인 표현이다. 모방이 아닌 창조, 앞서가는 상상력의 힘이다. 척박한 환경에 맞서 살아남기 위해서는 육체와 정신 모두 강해져야 한다. 네덜란드 특유의 강인한 정신을 실감할 수 있는 '마크바하이드Maakbaarheid'라는 단어가 있다. 《네덜란드에 묻다》의 김철수 저자에 따르면 이 단어는 '환경을 길들여 새롭게 만듦'을 뜻한다. 네덜란드인들이 살아가기 위해 자연뿐만 아니라 그들 각자의 삶에도 적용하고 있는 개념이라는 것이다. 평생 불운에서 벗어나 본 적이 없었던 하멜의 몸과 정신에도 마크바하이드 정신이 강하게 흐르고 있었다.

절간 음식과 일기일회

하멜의 고향 네덜란드는 산이라고는 찾아볼 수 없는 평야와 일직선의 나라다. 그런데 조선에 와서 매일 만나는 것은 산과 곡선이었다. 직선에 익숙한 사람들에게 산이라는 곡선은 적응하기 힘들다. 하멜은 조선에 와서 나무를 하러 산에 갈 때가 가장 힘들었다고 보고서에서 자주 언급하고 있다. 강진의 병영 시절에도 땔감을 구하기 위해 산에 자주 가야 했다.

> 땔감을 직접 구해서 그것을 마을 사람들에게 팔아 생활해야만 했다. 우리 옷은 너덜너덜해서 거의 벌거벗게 되었다.

그러다가 눈에 띈 것이 절이다. 나무를 하러 다니면서 하멜은 자연스레 산에 있는 절을 두루 방문한다. 강진 시절 마을 사람들과 친하게 지냈지만, 특히 그에게 의지가 되었던 것은 사찰의 승려들이었다. 마치 섬처럼 고립된 삶을 살아야 했던 하멜에게 사찰은 심리적 위안처였다. "아제아제 바라아제~." 승복을 입은 중들이 목탁을 치며 반야심경을 외거나 절하는 광경은 서양사람 하멜의 눈에 무척 흥미롭게 보였다. 하멜은 보고서에서 조선의 종교와 사찰, 종교의식에 대해 비교적 상세히 묘사하고 있다. 어느 사찰에는 중의 수가 500~600명이나 된다고 적고 있다.

> 명절에는 보통 백성들이나 농민들이 불상 앞에서 절을 한다. 그 앞에 놓인 작은 단지 위에 달콤한 냄새가 나는 향을 피운다. (중략) 승려들은 하루에 두 번 불상 앞에 공양을 바치고 기도한다. 명절에는 많은 사람들이 절에 찾아오는데, 이때 절에 있는 모든 승려들은 징을 울리고 북을 두드리고 다른 악기도 연주하며 흥겨운 분위기를 만든다.

그의 기록에서는 시각, 청각, 후각이 모두 느껴진다. '달콤한 냄새가 나는 향'은 서양인에게 무척 흥미로웠던 것 같다. 늘 배가 고팠던 하멜은 절밥을 얻어먹으며 육체의 허기를 달래고, 차담茶啖을 통해 정신적 갈증을 풀 수 있었다. 게다가 강진은 한국 차 문화의 메카였다. 17세기 남도의 사찰에서 노란 머리카락을 가진 네덜란드 남자들이 머리를 삭발한 스님들과 다탁을 사이에 두고 담소하며 즐거워하는 풍경은 단군 이래 처음 선보이는 이색적 광경이었을 것이다.

우리는 스님들과 사이가 좋았으며, 스님들은 우리에게 매우 관대하고 우호적이었다. 특히 네덜란드와 다른 나라의 풍습에 대해 듣는 것을 매우 흥미로워했다. 그들은 다른 나라의 삶이 어떤지 알고 싶어서 우리가 지치지만 않았다면 밤새도록이라도 들었을 것이다.

하멜과 남도의 스님들은 불교와 기독교, 서양과 동양이라는 이질성에도 불구하고 서로에게 호기심을 보이며 대화를 이어갔다. 이문화의 진정한 소통 장면이었다. 일본의 다도에 '일기일회 一期一會(이치고이치에)'라는 표현이 있던가? '모든 만남은 일생에 딱 한 번 있으니 상대에게 최선을 다하라'는 뜻인데, 하멜과 스님들의 만남이 그러했다. 겸손함과 소박함, 진정성이 함께 어우러진 만남이었다.

하멜이 만난 조선의 리더들 가운데는 일행에게 호기심을 보이고 격려를 하는 사람들이 종종 있었지만, 대다수는 유럽과 서양, 새로운 문명에 관심조차 없었다. 오히려 귀찮아하거나 노골적인 인종차별과 거부반응을 드러내기도 했다. 반면 절간의 스님들은 자애로운 마음으로 하멜 일행을 포용했다. 종교인으로서 힘든 처지에 놓인 이방인에게 정신적 안식을 주고자 함이었겠지만, 동시에 인간적으로 즐거운 말동무 노릇도 해주었던 듯싶다.

하멜과 승려들 모두 조선 시대의 주류가 아닌 비주류, 다수가 아닌 소수에 속했다. 아웃사이더의 눈에 비치는 세상은 인사이더들의 시각과 다른 법이다. 비록 외진 시골이었지만, 절간이 오히려 세상을 향해 열린 시선의 최전선이었던 셈이다.

역사적으로 봐도 스님들은 다른 문명과 접촉하는 개척자들이었다. 바닷길로 인도에 도착한 뒤 오천축국五天竺國 등 40여 개국을 순례하고 당나라 장안에 돌아와서《왕오천축국전往五天竺國傳》을 썼던 신라 시대의 위대한 여행자 혜초가 대표적이다. 혜초는 한반도 태생으로는 최초로 이슬람 문명권을 다녀온 여행자다. 의상 역시 당나라로 유학을 떠났다가 중국 땅에서 깨달음을 얻었다. 임진왜란이 끝난 후 국서를 들고 일본에 가서 도쿠가와 이에야스를 만나 강화를 맺고 수천 명의 포로를 이끌고 온 사람도 사명대사라 부르는 유정惟政이었다.

참을 수 없는 것을 견디는 데는 유머가 최고라고 밀란 쿤데라가 말했던가? 답답한 시골에 갇혀 있던 아웃사이더들은 아마도 지배층을 향한 야유와 재치 있는 농담도 곁들였으리라. 그런가 하면 이방인 하멜의 눈에는 일부 사찰의 부도덕이나 승려들의 퇴폐도 가끔 포착되었다.

기생이나 친구들과 유흥을 즐기려는 고관들이 절에 자주 왔는데, 산과 나무가 우거진 조선에서 가장 아름다운 지역에 절이 위치했기 때문이다. 그래서 때론 절이 도량보다는 매음굴이나 술집으로 사용되었고, 일부 승려들조차 아락을 매우 좋아했다.

예나 지금이나 일부 종교 시설은 본연의 길에서 벗어나 현실적 욕망을 채워주는 공간이 되기도 한다. 아락은 앞서 언급한 것처럼 고급 전통 소주를 의미한다. 여러 사찰을 돌아다녔다는 기록으로 미루어 하멜은 강진의 유명 사찰인 백련사와 무위사도 가보았을 것 같다. 특히 만덕산의 백련사는 다산초당과 함께 훗날 다산 정약용과 깊은 인연을 맺게 되는 곳이다.

하멜과 정약용 사이에는 약 150년이란 시차가 있지만 연결되는 지점이 적지 않다. 정약용은 1801년 11월 강진에 유배 왔다가 1818년 9월에 떠났으니 햇수로 18년, 만 16년 10개월을 그곳에 머물렀다. 공교롭게도 하멜이 한반도에 억류되었던 13년 28일과 거의 비슷한 기간이다. 유배형을 받은 양반들 대부분이 서울로 돌아가 권력을 휘두를 날만 눈 빠지게 기다리며 세월을 보낸 데 반해, 정약용은 강진에서 제자들을 키우고 그들과 한 팀을 이뤄 500여 권에 이르는 믿기 어려운 저술작업을 해냈다. 다산이 초라한 유배지에서 고안한 '분업적 집체저술' 방식은 그 자체로 하나의 혁신적 지식생산 방법이었다. 이로 인해 강진, 해남, 진도 같은 바닷가 외진 고을은 '문명향文明鄕'이라는 명예를 얻었다.

'중간지대'의 의미

병영마을 입구 로터리에 '병영 돼지불고기 거리'라는 안내 문구와 함께 돼지 상징물들이 방문자를 맞고 있다. 음식이 훌륭한 남도 가운데서도 강진 음식은 맛있기로 유명하다. 《나의 문화유산답사기》에서 유홍준이 찾던 식당은 강진읍에 있는 해태식당이지만, 나는 하멜이 자주 들락거렸던 병영면 시장 쪽에 있는 음식점 '병영연탄불고기'에 들어갔다. 이곳의 메뉴는 딱 하나, 백반이다. 일부 남도 식당 중에는 공연히 반찬 수만 많고 실속은 적은 곳도 있지만, 이곳은 메인 돼지불고기에서부터 고등어구이, 간장게장. 강된장찌개, 홍어, 파김치, 누룽지 가마솥밥에 이르기까지 하나하나 정성이 가득하다. 게다가 서울에서는 상상하기 어려울 정도로 밥값이 싸다. 주문하기 위해 두리번거렸더니 주방에 있던 동남아 사람으로 보이는 여성이 큰 목소리로 음식점 주인을 부른다.

"싸장님…, 손님 왔어요!"

17세기 중반 이 마을에 33명의 네덜란드 남자들이 몰려다녔다면 지금, 병영면을 비롯한 남도의 농촌 마을에서는 동남아시아에서 온 여성들이 눈에 자주 뜨인다. 베트남, 필리핀, 캄보디아에서 온 다문화 가정의 여성들이다.

강진의 병영에서 처음에 함께 모여 생활하던 하멜 일행은 시간이 지나면서 몇 명씩 분가해 나갔던 것 같다. 열심히 돈을 모아 집도 사고, 세간도 갖춰 놓는 등 살림을 꾸린 것이다. 하멜이 직접 언급하지는 않지만 《하멜표류기》 행간의 의미로 볼 때 일행 중 일부는 탈출과 귀국을 체념하고 조선 여자와 살림을 차려 아이도 낳았던 것 같다. 이와 관련해서 오래전 남도 출신 지인들로부터 흥미로운 이야기를 들은 적 있다. 강진을 비롯한 남도 주변에서는 머리카락이 노랗거나 이국적 용모를 지닌 시골 사람들을 가끔 볼 수 있었다는 것이다.

하멜의 동료이며 한국어에 가장 능통한 사람 가운데 한 명이었던 마테우스 이보컨도 귀국 후 비슷한 증언을 남긴 적이 있다. 조선인 아내를 맞아 아이까지 낳고 살았던 네덜란드 동료들이 꽤 많았다는 것이다. 《하멜표류기》 번역자 중 한 명이자 하멜을 연구한 학자인 김태진 교수는 당시 네덜란드 사람들의 아내가 되었던 여인들 대부분은 당골네나 무당, 과부 등과 같이 사회에서 소외된 여자들이었을 거라는 견해를 내놓았다.

미국 역사학자 리처드 화이트가 말하는 '중간지대middle ground'라는 표현이 떠오른다. 스탠포드 대학교 역사학과 석좌교수이기도 한 화이트가 1650~1815년에 캐나다 그레이트 레이크 지역에 살던 알곤퀸어를 쓰는 원주민과 그곳에 들어온 서양인들의 관계를 연구하던 중 발견한 개념이다.

중간지대란 두 문화가 만나서 서로 교류하는 법을 배우게 되는 문화의 교차 영역을 말한다. 상대방의 언어를 먼저 배우고 가르쳐서 지식 정보를 주고받으며, 상대의 관습과 가치관을 최대한 이해해 전달한다는 점에서 중간지대라 말한다. 서로 다른 두 민족은 전쟁과 무역, 결혼을 통해 17세기 전반 내내 그들만의 중간지대를 유지했는데, 이 이론에 따르면 난파자와 포로, 그리고 다문화 가정의 역할이 매우 중요했다.

하멜 일행과 박연은 난파된 배의 표류자이자 포로였다. 그들은 리처드 화이트 교수가 말하는 중간지대 존재로서 조선과 서양, 동과 서를 잇는 이문화異文化 소통에서 핵심 역할을 담당한 주역들이었다. 오랜 세월 성리학과 백의白衣의 모노 톤으로 유지되던 조선 사회에, 처음으로 다채로운 색과 혼성문화의 매력이 꽃을 피웠던 시기다. 박연이 사망하고 하멜 일행이 탈출한 뒤 중간지대가 닫히면서 조선은 서양이라는 낯선 문명과 만날 기회가 사라졌다. 이질성을 조정하고 합리적 공존을 모색하는 학습의 기회도 함께 닫혔다.

최초의 서양인 골목길 여행자

그들을 책임지는 지휘관에 따라 상황이 달라지기는 했지만, 하멜 일행은 교대로 외출하고 여행할 수 있었다. 특히 식량문제로 인해 강진에서 다른 곳으로 분산 수용된 이후에는 동료를 만나기 위해 혹은 다른 목적으로 서울과 부산 동래의 왜관을 제외하고는 어느 곳이든 방문이 허용되었다.

하멜은 스스로 원해서 조선에 왔던 사람은 아니다. 일상이 즐거운 것도 아니었다. 그럼에도 그는 부지런히 한반도의 골목골목을 돌아다녔다. 먹을 것이나 일용품을 구하기 위해, 경제적인 이유로, 호기심 때문에, 여러 곳에 흩어진 동료들을 만나기 위해, 하멜은 한반도 여기저기를 둘러보았다. 살아남기 위해서 그는 걷고 또 걸었다.

하멜 이전에 여러 명의 서양인이 조선 땅을 밟았다. 포르투갈과 스페인에서 온 사람들이 있었고 조선 여인과 살았던 네덜란드 출신 박연도 있었다. 그러나 하멜처럼 조선의 풍속과 민간의 삶에 대해 구체적인 기록을 남긴 사람은 없었다. 내가 하멜을 가리켜 조선에 온 최초의 서양인 골목길 여행자라 부르는 이유다.

여행이 활발하지 않고 도로나 여행 인프라조차 변변치 않던 시절 하멜은 주로 도보로 여행을 했다. 그럼 중간의 숙소는 어떻게 해결했을까? 《하멜표류기》에는 다행히 구체적인 기록이 남아 있다. 한양으로 가는 큰길에는 중간중간 역참과 주막이 있었는데, 역참은 관영 숙소 그리고 주막은 휴게소라 표현했다.

역驛은 조선 시대 공무를 띄고 여행하는 관리들에게 말과 숙식을 제공하는 장소였다. 또한 중앙과 지방 사이의 공문서 전달, 진상품과 관급물자 수송, 변방의 군사 상황을 알리는 파발제도 등 군사 통신 기능도 주관했다. 수시로 중앙에서 지방으로, 지방에서 중앙으로 공문서와 사람이 오갔으므로 민감한 정보와 분위기가 가장 먼저 모이는 곳이었다.

역을 관장하는 공무원은 역리라 불렀다. 역을 드나드는 사람은 물론 매일 사용하는 쌀과 소금, 장과 기름 등을 물품별·날짜별로 지출 내역서에 상세히 기록해 보고하면, 관청은 그에 해당하는 경비를 보름이나 월말에 지급했다. 따라서 누가 언제 역을 이용했고 무엇을 지출했는지 파악할 수 있었다. 하멜은 역참에는 양반이나 보통 백성들도 묵을 수 있다고 했지만, 흔히 서양에서 볼 수 있는 여행자를 위한 상업용 숙소는 없었다.

조선인은 여행자를 위한 여관이나 숙소는 알지 못한다. 여행객이 양반이 아닌 경우, 그저 길을 따라서 여행하다가 날이 저물면 아무 집이나 들어가서 자기가 먹을 만큼 쌀을 내놓는다. 그러면 집주인은 즉시 그 쌀로 밥을 지어 반찬과 함께 차려 내놓아야 한다. 많은 마을들은 손님 대접을 교대로 하는데 아무도 그런 일에 반대하지 않는다.

반면 공무를 위해 고위관리가 지방으로 여행하게 될 경우, 근처에서 가장 높은 사람 집에서 숙식을 해결한다고 하멜은 증언한다. 사랑방舍廊房은 양반이나 부유한 집의 가부장이 생활하며 손님들을 맞이하는 공간으로 활용하던 곳이다.

이처럼 《하멜표류기》는 미시사微視史라는 관점에서 흥미로운 부분이 많다. 미시사는 왕이나 권력자의 시선이 아닌 일상의 역사 관점에서 개인이나 소집단의 생생한 삶을 자세히 들여다볼 수 있도록 해주는 미크로스토리아microstoria를 뜻한다. 왕조실록에서는 눈여겨보지 않아 그저 스쳐 지나가는 것들이지만, 일상의 역사 혹은 미시사를 통하면 그 작은 부분이 확대되어 당대의 삶을 생생히 들여다볼 수 있다.

기록을 읽다 보면 하멜과 그 일행이 마을 사람들과 소통 가능할 정도로 한국어를 구사했음을 알 수 있다. 현대의 네덜란드 사람들은 평균 세 개 언어를 구사하고 초등학생만 되어도 유창한 영어를 말한다. 2002년 월드컵의 영웅 히딩크 감독은 한 번도 대학을 다닌 적 없지만, 4개 국어를 유창하게 구사하는 모습을 TV를 통해 확인할 수 있었다. 독일 TV에서는 독일어로, 스페인에서는 스페인어로, 제3국에서는 영어로, 그리고 네덜란드에서는 당연히 모국어로 대담했다.

강대국에 둘러싸인 지정학적 여건에서는 이웃 나라들과 매끄럽게 소통하는 능력이 매우 중요하다. 네덜란드는 주변국과 어울리는 능력이 탁월하다는 평가를 듣는다. 이웃과 잘 소통하려면 해당국 언어 습득 능력이 필수적이다. 하멜과 동료들은 이미 350년 전 조선에서도 그런 모습을 보여주고 있었다.

하멜은 강진에서 7년, 여수까지 기간을 합하면 약 10년을 전라도에서 생활한다. 일행 중 일부가 나중에 순천과 남원에 분산 수용되었기 때문에 《하멜표류기》에 적힌 지명에는 종종 전라도 사투리가 보이고, 귀국 후 인터뷰를 통해 기록을 남긴 다른 일행의 기록 속에도 전라도 발음이 적지 않다. 그러니 하멜을 가리켜 네덜란드 출신 전라도 남자라 할 수 있지 않을까?

6장

청어의 비밀

시간이 지날수록 상황은 안 좋아졌다. 1659년 효종이 갑자기 사망하고 그의 아들 현종이 왕위를 이어받았다. 하멜이 강진에 체류하던 1659년 부터 1662년까지 가뭄이 계속되며 극심한 흉년이 들었다. 해마다 수천 명이 굶어 죽고 강도들이 들끓었다. 《동국문헌비고》에서도 당시의 끔찍한 상황을 증언하고 있다.

> 효종 기해년(1659) 7월에 큰 가뭄이 들고, 현종 원년에 기근, 2년에도 대기근이 들었는데, 호남과 영남지방이 더 심했으며, 3년에도 기근이 들었다.

대기근 사태로 인해 가난한 이들은 도토리나 소나무 껍질, 풀 등으로 연명했으며 도로는 도적 떼가 들끓어 거의 이용할 수 없었다고 하멜은 당시의 비극을 생생하게 기록하고 있다. 이 같은 대기근 상황에서 하멜 일행은 근처 사찰을 돌면서 절밥으로 끼니를 때우거나 스님들이 민가에 시주하러 다니는 것에서 착안해 동냥 다니기도 했다.

남의 집 문전을 찾아가거나 길에서 사람들에게 금품이나 음식 등을 빌어서 얻어먹고 사는 사람들을 가리켜 조선 시대에는 동냥치, 걸뱅이, 비렁뱅이, 거지, 걸인乞人, 개자丐者 등으로 불렀다. 가뭄으로 흉년이 들면 수많은 아이들이 길에서 표주박을 들고 달려들며 구걸을 했다. 물론 십중팔구 멸시와 곤욕을 치렀겠지만, 그 모욕을 무릅쓰지 않으면 굶어 죽었다. 하멜과 동료들도 인생의 가장 밑바닥 그룹에 합류한 것이다. 체면은 손상되었지만, 그 정도로 살아남기 힘든 시기였다.

대기근 때 목숨 살려준 청어

하멜과 동료들은 본래부터 바다 사나이였다. 하멜의 탈출 후 외교 문제가 불거졌을 때 조선 예조참의가 대마도주에게 보낸 서한에 하멜 일행은 "고기잡이를 업으로 했다"고 언급하는 것으로 보아 하멜은 자주 바다로 나갔던 것 같다. 이들이 가까운 강진의 포구에 나가 작은 배로 인근 섬을 돌며 물물교환하는 방법으로 생선 등 음식 재료를 얻어왔다는 증언도 있다.

강진에는 어선들의 출입이 잦은 작은 포구나 항구가 많다. 대표적인 포구가 마량미항이다. 마량馬梁은 '말을 건네주는 다리'란 뜻을 가진 지명이다. 7세기 무렵부터 제주에서 실려 온 제주마馬들이 처음 발을 디딘 육지가 바로 이곳이었으며, 말들을 중간 방목하던 목마장이 여기에 있었다. 고려 시절에는 강진의 칠량면에서 생산된 고려청자를 수도인 개경까지 실어나르던 500km 뱃길의 시작점이었으며 임진왜란 당시에는 거북선 1척이 항상 대

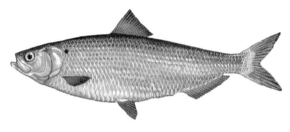

청어.
영양분이 풍부하고 값도 싼 청어는 예부터 서민들이 즐겨 먹던 생선이었다. 청어라는 이름이 붙은 건 등쪽이 암청색을 띠기 때문이다.

기하는 전략적 요충지였다.

마량항은 지형적으로 까막섬이 어부림魚付林 역할을 해서 물고기가 서식하기 좋은 환경을 제공하고, 고금도가 마량항으로 밀려드는 파도를 막는 방파제 역할을 해주는 자연환경을 갖추고 있어서 사시사철 해산물이 넘쳐났다. 어촌어항 복합공간으로 개발되고 마량과 고금 사이에 연륙교가 놓인 현재는 그 풍경이 너무 아름다워 마량미항美港으로 불린다.

하멜 일행 중에서 한국말을 가장 잘했던 이보컨은 귀국 후 인터뷰에서 작은 배들이 북만주에서 자주 왔는데 북해가 원산지인 청어 같은 고기가 실려 있었다고 증언했다. 그의 말에 따르면 조선인은 바닷물로 좋은 소금을 만드는 법을 알았지만, 청어를 소금 속에 저장하는 네덜란드식 방법은 모르고 있었다. 자신들이 포구에서 청어를 사다 소금에 절였더니 주민들이 모두 놀랐다고 그는 말했다.

청어는 납작하고 얇으며 지방분이 풍부하지만 쉽게 상한다는 단점이 있다. 그런데 김장배추 절이듯 청어를 소금에 절여 보관함으로써 식량이 부족한 시기에 단백질과 칼슘을 보충할 수 있었다. 해산물 저장방식의 혁신이었다. 하멜의 책에도 네덜란드와 조선 두 나라의 청어를 비교하는 얘기가 상세히 실려있다.

> (조선에서는) 12월, 1월, 2월, 3월에 청어가 많이 잡힌다. 12월과 1월에 잡히는 청어는 우리가 북해에서 잡는 것과 같은 종류이며, 2월과 3월에 잡히는 청어는 네덜란드에서 튀겨 먹는 청어처럼 크기가 작은 종류다.

이런 기록들을 종합해 볼 때 청어는 극단적으로 힘든 시기에 하멜 일행과 강진 주민들의 생명을 구해준 고마운 생선이었다.

강진 병영마을 헤링본 패턴 돌담

하멜촌이 있는 성동리 은행나무에서 안쪽 마을로 조금 더 들어가면 길이 1.5km에 이르는 '한골목 옛담장'이 있다. 입구는 남도의 시골마을 어디서나 볼 수 있는 소박한 골목이다. 금방이라도 골목길 어느 집에선가 하멜이 툭 튀어나와 인사를 할 것 같아 두리번거렸지만, 마을은 한적했다.

천천히 걸으며 살펴보는데 특이한 돌담길이 눈에 들어왔다. 다른 곳의 돌담은 어깨높이 아래로 나지막한 데 비해 이 골목의 돌담은 높이가 2~3m에 이른다. 골목에 세워진 안내문에 따르면 조선 시대 군부대가 이곳에 있어서 병사들이 말을 타고 다니는 일이 많았기 때문이라고 한다. 더 특이한 것은 두꺼운 돌을 일렬로 올리는 대신 얇은 돌을 15도 정도 기울여서 쌓았으며, 층마다 엇갈리는 지그재그 형태로 빗살무늬 양식을 취했다는 점이다. 안내문은 그 유래를 하멜과 연관 지어 설명하고 있다.

이 독특한 방식은 이국땅 네덜란드에서 온 하멜과 그 일행들이 병영에 왔을 때, 처음으로 쌓기 시작했고 이 병영의 담장 형식으로 자리 잡기 시작했다는 이야기가 전해 내려온다.

오랫동안 마을 사람들의 입에서 입으로만 전해지던 이야기를 뒷받침해 준 사람은 주한 네덜란드 대사였다. 2002년 월드컵축구로 히딩크 열풍이 일었을 때 이곳을 방문한 하인드 브리스 당시 주한 네덜란드 대사는 빗살무늬 돌담을 보자마자 놀라움을 표시했다. 네덜란드의 전통 담장 축조 양식에서 볼 수 있는 것이라며 영어로 'herringbone stone wall'이라 표현했다.

헤링본이란 무엇인가? 영어의 헤링herring, 독일어의 헤링Hering, 네덜란드어의 하링Haring은 모두 같은 어원으로 청어를 의미한다. 즉, 해링본은 '청어의 뼈'라는 뜻이다. 'ㅅ'자 문양으로 의류나 직물, 타일 쌓기, 도로포장 등에 사용되는 문양을 가리켜 헤링본 패턴 혹은 헤링본 다이어그램이라 부른다. 김태엽 아시아나 상무에 따르면, 항공사에서는 비즈니스 좌석을 초기에는 병렬로 배치하다가 승객들 간 프라이버시를 보호하기 위해 어슷한 사선으로 재배치한 적이 있는데, '헤링본 다이어그램' 혹은 '헤링본 시팅Herringbone seating'이라 부르는 방식도 여기에 해당되었다. 서로 눈길이 서로 마주치지 않도록 청어뼈 모양으로 배치하는 방식이다.

강진 병영마을의 헤링본 패턴 돌담.
하멜이 7년간 억류돼 있던 병영마을에는 한반도 어디에서도 볼 수 없는 '^'자형 돌담길이 있
다. 네덜란드의 전통 담장 축조 양식인 이 돌담은 하멜 일행이 이 땅에 남겨놓은 매우 드문 흔
적이다.

네덜란드 대사의 증언 덕에 오랫동안 구전되어 오던 병영마을 골목의 돌담은 하멜 시대의 청어 뼈 양식임이 입증되었다. 이런 방식의 돌담이나 석재 쌓기는 고대 로마시대와 중세시대에 유행했는데, 라틴어로는 Opus spicatum 방식이라 부르며, 네덜란드와 독일에서도 종종 발견된다.

병영마을 돌담의 상당 부분은 최근에 새로 쌓아 올린 것이지만 시커멓게 색이 바랜 돌들이 군데군데 남아 있다. 그것은 오랜 세월의 증거이자 13년 넘게 조선에 체류하는 동안 한반도에 남겨놓은 하멜 일행의 매우 드문 흔적이다. 아마도 그 돌담 중 어딘가에 하멜의 손길이 닿았을 것이다. 강진 청어뼈 무늬 돌담은 상이한 물질적 요소와 정신적 요소, 그리고 미적 요소가 결합한 혼성문화의 흔적이다. '교역의 시대Age of Commerce' 물결이 조선의 시골 마을에까지 도달했다는 뜻이다. 17세기에 정점을 맞게 되는 네덜란드 동인도회사의 세계경영이 남도의 골목길에까지 영향을 미쳤고, 그 가운데 하멜이 서 있었다.

학자들은 철저한 문헌과 자료의 고증 위에 글을 쓴다. 기자들은 손이 아닌 발로 쓰라는 교육을 받는다. 현장의 중요성을 강조하는 말이다. 반면 인문여행 작가는 '피부로 쓰는' 사람이다. 직접 탐사하는 현장에서 만나는 바람의 느낌, 코끝을 스쳐 가는 특유의 냄새를 예민하게 포착할 줄 아는 감각이 열려있어야만 한다. 문헌과 자료는 물론 중요하고 현장 인터뷰도 충실해야 하지만, 그것 못지않게 상상력의 힘이 뒷받침되어야 훌륭한 인문 여행 작가로 성장한다.

하멜이 강진에 억류되어 있었던 7년은 그의 인생 20대 중반부터 30대 초반에 해당한다. 황금보다 더 귀하다는 젊음의 시간을 그는 병영마을에서 고립된 채 살았다. 지금도 '시골'이라 부르는 농촌이다. 출구를 모르는 암담한 시간을 그는 어떻게 이겨냈을까? 좁은 공간에 갇혀 있다는 폐소공포증은 혹 없었을까? 운명의 덫에 빠져버렸다는 자괴감은 또 어떻게 극복했을까?

외딴 시골 병영마을에서 고립감과 공포감을 눌러 이기며 돌담을 쌓았을 하멜의 모습을 상상해보았다. 들끓는 생존 열망과 부조리한 현실에 대한 분노, 자유를 갈망하던 하멜의 간절함이 돌담에 배어 있었다. 병영마을 청어 뼈 무늬 돌담이 흡사 먼 훗날 팬데믹의 고통스러운 시기에 자신의 흔적을 따라 찾아올 사람을 위해 하멜이 남겨놓은 특별한 식별처럼 느껴졌다.

문어와 청어

청어는 오래전부터 한반도의 주요한 수산 자원이었다. 영양분이 풍부하고 값도 싸서 가난한 선비들을 살찌게 한다는 의미에서 '비유어肥儒魚'라는 별명을 얻기도 했다. 고려 말기의 문신이었던 목은 이색은 "향기로운 술은 푸른 거품을 기울이고, 신선한 안주로 청어를 구웠소芳樽傾綠蟻 鮮食炙靑魚"라며 맛있는 안주로 청어를 칭송했다. 한학자이며 거제도 유배 고전문학 연구자인 고영화高永和의 연구에 따르면, 전라남도 서남해안 지방이나 경상남도 거제도 부근에서는 강강술래 놀이의 일부분으로 '청어 엮기 노래'가 전해지고 있다고 한다. 대보름이나 한가위날 밤에 청어 두릅을 엮듯이 서로 엮어가면서 풍어를 기원하는 민요다.

청어는 역사적으로 보면 어획량이 불규칙하여 증감을 되풀이한, 변동성 심한 생선이었다. 바다의 수온 변화와 해류 등 자연적 조건 때문이었다. 임진왜란이 끝난 뒤 유성룡이 지은 《징비록》끝부분에 '녹후잡기錄後雜記'라는 글이 있는데, 임진왜란이 발생하기 전의 이상한 징조로 청어를 예로 들고 있다.

동해에서 나던 물고기가 서해에서 나더니, 점차 한강에까지 이르렀다. 해주는 본래 청어가 났는데, 최근 10여 년 동안 전혀 잡히지 않다가 홀연히 요동의 바다로 이동해 났다. 요동 사람들이 그것을 '새로운 물고기新魚'라 불렀다.

천주교 박해 때 전라남도 섬으로 유배가 있던 정약전은 그곳의 해상생물을 관찰해 《자산어보》라는 필생의 연구서를 펴내면서 동해의 청어와 서해의 청어 척추의 수가 다르다고 기록할 정도로 청어에 깊은 관심을 보였다. 이 연구서에도 청어의 불규칙한 어획량이 언급되고 있다.

청어는 국, 구이, 젓갈, 포에 모두 좋다. 정월이 되면 알을 낳기 위해 해안 가까이 몰려드는데, 수억 마리가 떼를 지어 바다를 덮는다. 청어 떼는 석 달간의 산란을 마치면 물러가는데, 그 다음에는 길이 서너 치 정도 새끼들이 그물에 잡힌다. 1750년 이후 10여 년 동안 풍어였지만, 이후 뜸해졌다가 1802년에 다시 대풍을 맞이했으며, 1805년 이후에는 또다시 쇠퇴하기를 반복했다.

20세기 이후 청어어장은 영일만 이북의 동해안으로 좁혀지고 말았다. 청어가 많이 잡히던 경상도 지역에서는 말려서 과메기의 재료로 썼으나 어획량이 줄면서 꽁치로 만든 과메기만 남았고, 지금은 과메기 하면 꽁치를 연상한다. 청어는 잔가시가 많고 비린내가 난다고 해서 굵은 소금을 뿌려 노릇노릇 구워 소금구이 형태로 먹거나 무와 함께 넣어 찌개로 주로 끓여 먹었다.

영어로 헤링herring이라 불리는 생선을 한반도에서는 왜 청어靑魚라고 할까? 등쪽이 암청색을 띠기 때문이다. 반면 숭어秀魚는 맛이 빼어나게 좋다는 의미이고, 문어는 한자어로는 8개의 발을 의미하는 팔초어八梢魚로 불리다가 언젠가부터 글월 문文자가 들어간 문어文魚가 되었다. 먹물 통을 가지고 다닌다고 해서 문방사우와 연관된 이미지가 강해졌으며, 그런 연유로 문어는 조선 시대에 선비의 상징이었다.

나라를 구한 이순신 장군의 청어

정작 전쟁에서 나라를 구한 생선은 선비의 상징 문어가 아닌 청어였다. 하멜이 도착하기 60여 년 전인 임진왜란 때의 일이다. 국가 재정 능력이 변경에 있는 병사들을 먹여 살릴 만큼 충분치 못했던 조선은 건국 초기부터 둔전屯田 제도를 시행했다. 둔전이란 군사 요충지에 주둔한 군대의 경비를 마련하고 군량을 충당하도록 병사들이 스스로 땅을 경작하는 제도이다. 일종의 자급자족 시스템이라 할 수 있다. 이순신 장군은 전쟁이 발발했던 초기 전라좌수영의 사령관으로 여수와 순천에 주둔하다가 나중에는 삼도수군통제사가 되어 통영 부근 한산도로 옮긴다.

《난중일기亂中日記》를 읽다 보면 병사들에게 먹일 양식을 구하기 위해 장군이 고심하는 대목이 자주 보인다. 전쟁은 직접적으로 작전과 전투 능력에 따라 승패가 갈리지만, 전투식량이나 무기 등 병참과 보급체계 역시 매우 중요하다.

충무공의 조선 수군은 임진왜란 당시 조정으로부터 군량미를 받지 못했다. 나라 재정이 병사들을 제대로 거두어 먹일 형편이 못되었기에 이순신 장군은 알아서 식량문제를 해결하며 전투해야만 했다. 밖으로는 왜적과 맞서 싸우고, 안으로는 병사들의 식량을 스스로 마련해야 하는 이중고를 겪었던 셈이다. 병사들이 둔전을 일구기는 했지만, 그곳에서 생산되는 양곡만으로는 턱없이 부족했다.

이 극단적 위기에서 이순신 장군이 선택한 방법은 포어와 자염, 그리고 도옹 등 세 가지였다. 포어捕魚는 바다에서 생선을 잡는 것을 뜻한다. 자염煮鹽은 소금 채취로, 현재의 염전 방식과 달리 바닷물을 솥에 넣고 불을 때서 증발시켜 만드는 전래의 방법이었다. 도옹陶甕은 질그릇을 굽는 것을 말한다. 전투가 없는 날이면 군인들은 바다에서 그물로 생선을 잡아 올리거나 소금을 채취하고, 혹은 질그릇을 구워 농민들과 물물교환해서 군량미를 마련했다. 여기서 특히 주목되는 것은 비상식량으로서 청어의 역할이다. 청어는 기름이 많아서 북유럽에서도 동물성 단백질 섭취가 필수적인 군인들에게 매우 요긴하게 쓰였다. 1595년 12월 4일의 《난중일기》를 읽어보자.

황득중과 오수 등이 청어 7,000여 두름을 싣고 왔기에 김희방의 무곡선貿穀船(곡식을 매매하는 배)에 계산하여 주었다青魚七千餘級戴来, 故計給金希邦貿穀船.

두름은 청어나 조기 따위의 물고기를 짚으로 한 줄에 열 마리씩, 두 줄로 엮은 것을 세는 단위다. 한 두름은 생선 스무 마리이니 그날 가져와서 거래한 청어가 얼마나 많은 양인지 짐작할 수 있다. 또 1596년 1월에는 청어를 잡아 군량미 500섬을 구하는 등 《난중일기》에서 청어 관련 이야기를 자주 만날 수 있다. 청어를 조달하기 위한 병참 계획도 치밀했다. 청어잡이, 청어 건조, 청어 매매 등 병사들의 역할과 담당 업무를 세분해 효율적으로 운영했다. 청어가 많이 잡혀 남을 때면 압록강 중강진에 개설된 무역 시장에 배로 내다 팔아, 명나라의 곡물을 가져옴으로써 부족한 군량미를 보충하기도 했다.

일본의 속전속결 전략에도 불구하고 조선이 전쟁 초기에 버틸 수 있었던 것은 수군의 힘과 그 수군이 지키고 있던 호남평야 덕분이다. 왜적은 그곳을 점령하지 못해 현지 자급자족 전략에 차질을 빚었다. 반면 이순신 장군의 수군 점령 지역에는 곡창지대가 있었다. 그곳에 전쟁 피란민이 결집하고, 백성들과 병사들이 힘을 합쳐 군량을 확보하는 등 1석 3조의 이점을 보유했다. 《난중일기》를 읽다 보면 부하들이 준비한 청어 한 두름, 곡식 한 되까지 세밀하게 기록하고 있는 이순신 장군의 치밀한 면모를 확인할 수 있다.

그런데 1597년 8월 25일의 일기를 보면, 피난민의 소 두 마리를 훔친 부하 두 명이 그 소를 잡아먹으려고 왜적이 왔다고 거짓

보고하는 일이 발생했다. 장군은 거짓말한 부하 둘의 목을 잘라 매달아 보이게 함으로써 백성들의 분노한 마음을 달래고 흐트러진 군기를 결연하게 잡았다. 중앙으로부터 병참 지원조차 받지 못하는 상황에서 작전은 물론, 전함 제작과 군량 준비까지 모두 알아서 처리해야 했던 현장 지휘관의 엄중함이 《난중일기》 곳곳에 배어 있다.

이처럼 어려운 현실에서 청어는 부족한 군량을 확보하는 일등 공신이자 단백질과 지방 성분이 풍부한 고급 식량자원으로서 전투력을 북돋워 주는 역할을 훌륭히 수행했다. 이순신 장군의 해전은 전략과 전술의 승리이자 병참의 승리였다. 그런 맥락에서 청어는 이순신 장군을 구하고 나라를 구한 영웅이었다.

페르메이르의 '델프트의 풍경'과
청어잡이 어선

유럽 역사를 돌아보면 수백 년에 한 번씩 놀라운 창조적 시기가 나타난다. 레오나르도 다빈치, 미켈란젤로, 라파엘로, 보티첼리 등 천재들이 한꺼번에 출현한 피렌체를 가리켜 이탈리아의 르네상스, 혹은 피렌체의 르네상스라 부른다. 19세기 말부터 제1차 대전 이전까지 합스부르크 제국의 수도 빈에는 구스타프 클림트와 에곤 실레의 미술, 프로이트와 아들러의 심리학, 구스타프 말러의 음악이 한꺼번에 나왔다. 그때의 위대한 예술과 지적인 혁신을 가리켜 '세기말의 비엔나' 혹은 '빈의 모더니즘Wiener Moderne' 이라 부른다.

피렌체의 르네상스, 빈의 모더니즘과 더불어 손꼽는 또 하나의 위대한 시기가 있으니 그것은 네덜란드 황금의 17세기다. 네덜란드가 유럽뿐 아니라 세계를 선도하였던 시기다. 네덜란드는 16세기 후반 막강한 스페인의 지배를 종식시킨 뒤 17세기를 맞는다. 1602년에 설립한 동인도회사가 가져온 막대한 부를 바탕으로 암스테르담, 레이던, 하를럼 같은 도시들은 세계적인 무역 도시로 성장한다. 이때 렘브란트, 페르메이르, 할스 등 위대한 화가들이 맹활약했다.

이전까지 예술가들이 교회의 의뢰를 받아 제단을 장식하거나 왕궁에 들어갈 그림들을 그렸다면 17세기 네덜란드에서는 무역과 상업으로 막대한 부를 얻은 상인 계층이 예술의 새로운 후원자가 된다. 자유와 독립을 희구하는 시대정신, 그리고 칼뱅주의라는 종교적 신념에 바탕을 둔 근면 소박한 시민정신, 풍경이나 야외 정경, 초상화 등이 주요 소재가 되었다. 그 화려한 네덜란드 황금의 17세기를 장식한 주역 중의 한 명이 페르메이르다.

요하네스 페르메이르는 '진주 귀고리를 한 소녀' '델프트의 풍경' '우유를 따르는 하녀' '지리학자' '천문학자' 같은 작품으로 널리 알려진 화가다. 그는 하멜과 많은 공통점을 갖고 있다. 페르메이르는 1632년에 태어났으니 하멜보다 두 살 아래다. 또한 정치·경제·문화적으로 전성기를 구가하던 네덜란드 황금의 시대에 함께 활동했다.

뛰어난 재능에도 불구하고 페르메이르는 세상에 남긴 작품 수가 극히 적은 것으로 유명하다. 화가협회에 등록한 1653년부터 사망한 1675년에 이르기까지 22년 동안 그린 작품 수는 많아야 55점을 넘지 않는다는 것이 전문가들의 분석이다. 현재까지 남아 있는 그의 작품은 33~36점 정도다. 이처럼 작품 수가 극히 적은 이유는 철두철미한 제작 방식과 시간에 쫓기지 않고 완벽함을 추구한 결과였다. 덕분에 실내 풍속화의 새로운 경지를 이룩했다는 평도 듣는다.

페르메이르와 하멜 두 사람 사이에 또 다른 중요한 접점이 있으니 청어와 동인도회사다. 350년 전 하멜이 동인도회사의 세계 경영 최일선에서 일하다 태풍이라는 자연재해를 만나 조선에 와서 강진 병영마을에 청어 뼈 패턴의 돌담을 남겼다면, 페르메이르는 청어잡이 배와 동인도회사를 정교한 그림으로 담아 놓았다. 그 작품이 '델프트의 풍경View of Delft'이다. 이 그림은 1660년~1661년 사이에 그린 것으로 헤이그의 마우리츠하위스Mauritshuis 미술관에 있다.

이 미술관은 브라질 총독을 역임한 요한 마우리츠의 저택을 미술관으로 꾸민 것으로, 주로 네덜란드 황금의 시대를 중심으로 보석 같은 작품 854점을 소장하고 있다. 렘브란트의 '투르프 박사의 해부학 강의', 페르메이르의 '진주 귀고리를 한 소녀'와 더불어 '델프트의 풍경'은 이 미술관이 자랑하는 작품이다.

'델프트의 풍경'은 평화와 고요함을 간직한 분위기로 인기가 높다. 마르셀 프루스트의 장편소설 《잃어버린 시간을 찾아서》에서 작품 속 소설가가 그 그림 앞에 선 채 "나도 글을 저렇게 써야 했는데."라는 말을 남기며 죽는 장면이 있어 더 신비로운

요하네스 페르메이르의 '델프트의 풍경'(1660년~1661년).
렘브란트와 더불어 네덜란드 황금의 시대를 대표하는 화가 페르메이르는 하멜보다 2년 뒤인
1632년에 태어났다. 이 그림은 그가 고향 델프트 항구의 풍경을 정교하게 담은 것으로 마르셀
프루스트의 소설에 소개되어 화제가 되었다. 현재는 헤이그의 마우리츠하위스 미술관에 소장돼
있다. 그림 오른쪽에 정박한 두 척의 배가 청어잡이 어선이다.

작품으로 알려졌다. 페르메이르가 이 그림을 그린 시기는 하멜이 조선에 억류되어 있던 기간에 해당한다. 티머시 브룩 교수의 《베르메르의 모자》는 이 화가의 그림을 통해 17세기 동서 문명 교류사를 풀어낸 책이다. 베르메르는 페르메이르의 영어식 발음이다.

> (그림의) 오른쪽 로테르담 수문 옆에는 네덜란드 어부들이 북해 청어잡이에 사용하는 두 척의 청어잡이 배가 수리를 받느라 정박해 있다.

이 그림 속에서 구교회 첨탑 옆 왼쪽으로 이어지는 긴 지붕이 보인다. 브룩 교수의 설명에 따르면 지금은 용도가 바뀌었지만, 이 건물이 17세기 네덜란드 동인도회사의 델프트 지부 창고로 사용되던 곳이었다고 한다. 즉 청어와 VOC는 유럽 변방의 작고 이름 없는 나라 네덜란드를 세계 역사의 주역으로 등장시킨 두 가지 핵심 키워드였다. 비린내 나는 청어가 강소국 네덜란드의 성공과 도대체 무슨 관련일까?

황금의 연금술사

청어는 네덜란드 사람들에게 국민 생선Dutch food이다. 하멜의 고국 네덜란드에 출장을 가면 십중팔구 식사시간에 청어를 만난다. 잘라서 다진 양파, 스위트 피클과 함께 제공되는 청어요리는 빵과 함께 나오는데 매우 단출한 메뉴에 놀랄 정도다. 허례허식을 싫어하고 검소한 네덜란드의 정신이 오롯이 담긴 음식이다. 레이던 시에서는 해마다 10월 3일이 되면 '레이던 온트젯Leiden Ontzet'이라는 행사를 연다. 스페인군에 저항한 시민에게 청어와 빵을 제공한 것을 기념하는 축제다.

  암스테르담 거리 곳곳에서도 '하링Haring'이라 적힌 간판을 심심찮게 발견할 수 있다. 특히 암스테르담 꽃 시장 주변의 프렌스 하링한델은 관광객들에게도 널리 알려진 청어 판매점이다. 청어잡이 시즌이 시작될 때 잡은 청어를 특별히 '홀란서 뉴어Hollandse Nieuwe'라고 부르는데, 햇청어라는 뜻이다. 항구지역을 방문하면

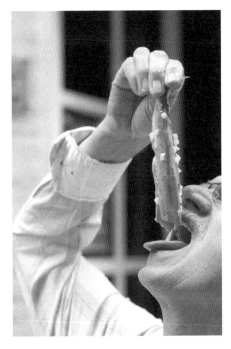

손으로 절임 청어의 꼬리를 잡고 얼굴은 하늘을 향한 채 통째로 입에 넣어 먹는 사람들을 자주 보게 된다. 관광객들을 위한 재래식 청어 즐기기로, 이국적 체험의 하나이다.

청어는 대구와 함께 북유럽인에게 전통적으로 인기 있는 생선이다. 네덜란드가 있는 북해와 스칸디나비아의 발트해 부근에서 흔한 생선으로, '바다의 밀'이라고 불릴 정도로 어획량이 많고 친숙한 어종이다. 하멜 시절에는 네덜란드 근해에서 많이 잡혔으나 현재는 해수 온도 상승으로 노르웨이 근해로 많이 이동했다고 한다. 청어는 본래 지방이 많은 데다 어획 시즌인 늦여름과 가을의 산란기에는 기름기가 더 많아져 쉽게 부패하는 바람에 보존이 어려웠다. 한국은 가을과 겨울 날씨가 건조하고 일조량이 풍부해서 청어를 자연 바람에 건조해 과메기로 먹었지만, 북유럽의 그 계절은 춥고 습해서 자연건조가 불가능했다. 그러니 청어가 아무리 많이 잡혀도 바다와 가까운 연안 지역에서 소비될 수밖에 없었다.

유일한 해법은 청어를 소금으로 염장하는 것이었지만 염전이거의 없는 북유럽에서 소금은 매우 귀하고 값비싼 물품이었다. 독일 북쪽 도시 뤼네부르크 부근에서 소금 광산이 발견된 이후 암염은 북독일과 발트해 도시들의 경제 공동체인 한자동맹의 중요한 상품이 된다. 뤼벡이 한자동맹의 맹주 도시가 된 것도 이소금 광산과 가깝다는 지리적 이점이 컸다. 뤼벡 항구에서 선적된 소금은 12세기부터 발트해 곳곳으로 팔려나갔다.

스웨덴 최남단에 위치한 스코네 지역에는 청어를 이용한 '수르스트뢰밍'이라는 음식이 있다. 우리나라에서 홍어를 삭혀 먹듯이 청어를 발효시킨 것으로, 삭힌 냄새가 진하게 난다. 그 냄새 때문에 피하는 사람들도 적지 않지만, 스웨덴의 명물로 자리 잡았다. 스코네산 청어와 뤼벡, 더 나아가 한자동맹의 지배력은 14세기까지 이어진다.

그러던 어느 날 기회가 왔다. 기후변화로 인해 해수 온도가 낮아지면서 발트해에서 많이 잡히던 청어들이 네덜란드와 가까운 북해 쪽으로 넘어온 것이다. 아직 네덜란드가 통일국가가 되기 이전, 홀란트와 제일란트Zeeland 지방 어민들이 주축이 되어 본격적인 청어 조업에 뛰어들었다. 참고로 뉴질랜드는 네덜란드의 탐험가가 자신의 고향인 제일란트의 이름을 따서 '새로운 제일란트'라고 명명한 데서 연유했다.

바로 그 제일란트 출신의 어부 빌럼 뵈컬손Willem Beukelszoon, 영어로는 윌리엄 버클스라 불리는 사람이 14세기 청어잡이에 일대 혁신을 일으킨다. 그는 직접 만든 휴대용 작은 칼로 갓 잡은 청어의 내장과 가시를 선상에서 곧바로 제거한 뒤 염장하는 방법을 고안해냈다. 청어의 내장 가운데 췌장과 유문수를 남겨둔 채 소금에 절여 보관하는 것이 포인트였다. 유문수와 췌장을 남겨둔 채 염장하면 신선도가 훨씬 오래 유지될뿐더러 맛도 더 좋다. 바다 위에서 이뤄지는 이런 청어 가공기법을 가리켜 '기빙gibbing'이라 한다. 새로 등장한 염장법 덕분에, 이전까지 어부들이 배 안에서 소비하는 생선에 불과하던 청어는 내륙 사람들에게 파는 상품으로 거듭났다.

그 직후 '뷔스Buss'라는 쌍돛 어선이 고안되었다. 해링뷔스라고도 불리는 이 어선은 길이 약 20m의 목선으로, 다른 배보다 넓은 갑판을 갖추고 있어 선상에서 내장을 제거하는 작업이 더 편하고, 장기간 어업도 가능했다. 단순한 고기잡이배가 아니라 그

Toemaaken en Fictalgeeren van de Buysch. / The Preparing and Victualling of the Herring Busse.

청어잡이 어선 해링뷔스.
15세기 두 개의 커다란 돛을 달고 널찍한 갑판까지 갖춘 어선이 고안되었다. 이 배를 타고 무리
지어 조업을 떠난 사람들이 청어를 잡아 배 안에서 손질 및 가공작업까지 처리할 수 있게 되면
서 가난한 유럽의 변방국 네덜란드는 비소로 해양강국으로 도약하는 발판을 마련했다. 1725년
경의 그림이다.

안에서 청어 조업과 손질 및 염장, 운반에 이르는 일련의 2차 가공작업이 가능한 종합 작업선이었다. 요하네스 페르메이르의 작품 '델프트의 풍경' 오른쪽에 보이는 청어잡이 배가 바로 뷔스 혹은 해링뷔스라 불리는 어선이다.

예전에는 바다에 나가 청어를 잡은 뒤 상하기 전에 급히 항구로 돌아와야 했지만, 더는 그럴 필요가 없어졌다. 이제 네덜란드 어부들은 짧게는 2주, 길게는 한 달 이상 바다에 나가 청어잡이와 가공작업을 동시에 했다. 인근 해역을 넘어 북해에 있는 세계적인 대어장 도거뱅크Dogger Bank까지 진출할 수도 있게 되었다. 한번 나갈 때마다 400~500척에 이르는 대규모 선단이 꾸려졌으며 안전을 위해 네덜란드 해군의 호위를 받았다. 잡아서 염장한 청어는 수송 전용 특별선에 실어 육지로 나르고, 해링뷔스라는 청어잡이 어선은 그 어장을 지키면서 쉼 없이 고기를 잡아 올렸다. 인근 국가인 영국은 이를 두고 바다 위의 '밀렵' 행위라며 비난하고 나섰고, 두 나라 사이 긴장의 원인이 되었다.

네덜란드인에게 청어는 점점 더 특별한 존재가 되고 있었다. 쉽게 상하던 이 생선은 1년 이상 보관이 가능했고, 옛날식 건조 방법과 비교해 맛도 더 좋았다. 네덜란드 어부들은 싸구려 생선을 황금으로 만드는 연금술사가 되어 가고 있었다.

청어가 일으킨 '창조적 파괴'

바다는 거친 곳이다. 강하고 지혜로운 자만이 살아남을 수 있다. 청어는 유럽 변방의 작은 나라 네덜란드를 일약 세상의 중심으로 바꾸어놓았다. 지금까지 네덜란드는 한자동맹 도시들의 소금 독점 때문에 가격협상에서 끌려다닐 수밖에 없었다. 하지만 스페인 북쪽 바스크 지역의 염전에서 생산된 소금 유통망을 개척해 이전보다 더 싼 가격에 소금을 들여옴으로써 가격경쟁력에서도 앞설 수 있었다. 소금 대신 함수에 절여 통에 보관하는 새로운 방법도 고안해냈다. 함수鹹水란 바닷물을 끓여서 수분을 날려버린 후 매우 짠 상태로 유지하는 염수를 말하는데, 선상에서 비싼 소금 대용으로 쓸 수 있었다.

함수를 통해 탄생한 것이 '마트여스Maatjes'라 부르는 청어 절임이었다. 작업선에서 청어를 잡아 올려 내장을 제거하는 즉시 오크통에 담긴 20% 염도의 소금물에 절이는 방식을 말한다. 이전까지 염장 청어는 내장을 제거한 뒤 소금 통에 묻어버리는 것이었다. 그러다 보니 소금이 수분을 빼앗아 생선이 막대기처럼 딱딱하게 변했고 맛도 매우 짰다. 반면 소금물에 염장한 청어는 훨씬 부드럽고 담백한 맛을 자랑했다. 이렇게 절인 청어를 한 번 더 소금에 염장하니 보존 기간이 훨씬 더 길어졌다. 그 덕에 청어는 먼바다로 떠나 활동하는 해군과 상선 노동자들의 식량자원으로 자리 잡았다.

이제 청어잡이는 단순 어업이 아니었다. 선박의 규모가 커지고 항해사와 내장 빼는 팀, 포장 담당 전문인력이 따로 배치되는 분업시스템이 갖추어졌다. 노련한 내장 제거 숙련공 팀은 시간당 청어 2,000마리의 내장을 빼냈다고 한다. 청어 가공산업이 활기를 띠다 보니 배 위에서 생활하는 사람들을 대상으로 일용품을 공급하는 선상 잡화상까지 등장했다. 청어잡이 선단을 보호해줄 군함이 따라붙었고, 어선을 건조하는 암스테르담 조선소들의 규모가 커지기 시작했다.

여기서 주목할 것이 있다. 네덜란드가 청어잡이부터 손질 및 포장, 판매의 전 과정을 아우르는 규정을 만들었다는 점이다. 청어라는 상품의 품질을 일정하게 유지하기 위해서인데 청어를 담는 통의 크기, 겉면에 '홀란트 청어'라는 도장을 찍을 것 등이 여기에 포함된다. 균질화, 상품화, 브랜드 네이밍의 가치를 일찍부터 깨달은 것이다.

암스테르담 상인들은 여기서 한발 더 나아갔다. 발트해 항구에서 청어 배를 이용해 사들인 유채 씨앗과 탄산칼륨으로 비누를 대량 생산한 뒤 이를 '녹색 비누'라고 이름 붙여 판매했다. 암스테르담에는 한때 운하를 따라 늘어선 비누 제조공장이 21개소에 이를 정도로 활황이었다.

네덜란드의 청어 산업 혁신은 오스트리아 출신으로 미국에서 활약했던 경제학자 조지프 슘페터의 '창조적 파괴creative destruction' 이론을 떠올리게 한다. 기업의 후발 주자가 성공하기 위해서는 기술혁신으로 낡은 것을 파괴하고 도태시키며 새로운 것을 창조해내는 일련의 '창조적 파괴' 과정이 필수적이며, 바로 이것이 기업경제의 원동력으로 작용한다는 주장이다. 슘페터가 말하는 혁신은 다섯 가지 유형이다.

첫째 소비자들이 아직 모르는 재화 또는 새로운 품질의 재화 생산, 둘째 해당 산업부문에서 사실상 알려지지 않은 생산 방법 도입, 셋째 새로운 판로개척, 넷째 원료 혹은 반제품의 새로운 공급, 다섯째 독점적 지위 등을 갖춘 새로운 조직의 실현이다. 이렇게 되면 과거의 지식이나 기술, 투자를 쓸모없게 만들므로 창조적 파괴라 부르고, 이 과정에서 생긴 이윤은 기업가의 정당한 대가로 돌아온다는 논리다.

슘페터의 이론을 네덜란드의 청어 산업에 적용해보면 다섯 개 유형 대부분에 적용된다. 유럽 내륙의 소비자들이 몰랐던 청어라는 이름의 재화를 생산했고, 어업 분야에서 알려지지 않았던 청어 조업 방법을 도입했으며, 보존 기간이 긴 청어로 새로운 판로를 개척했다. 나아가 북유럽에서 네덜란드의 독점적 지위가 확보되었다.

슘페터는 이런 발전과 혁신에는 촉매 혹은 발화점이 필요하며, 기업가와 기업가정신Entrepreneurship이 그 역할을 맡는다고 강조했다. 네덜란드의 경우, 청어 가공업자와 투자자들이 바로 그 촉매이자 발화점이었다. 리스크를 안고 과감히 도전한 초기 형태의 기업가와 기업가정신이 청어 산업의 한가운데에 있었다.

그들은 청어 조업과 가공에 '분업과 표준화'를 도입함으로써 유럽 내 독보적인 경쟁력을 확보했다. 이 같은 창조적 파괴 과정을 통해 막대한 돈을 벌어들이면서 네덜란드는 해운업과 해상무역 등 다른 사업에 투자할 여력도 생겼다. 조업과 가공·운반·보관창고 등 물류, 소금 등 재료를 조달하기 위한 금융, 배를 만드는 조선과 해운 등 산업 전반에 걸친 가치사슬value chain의 혁신이 일어났다. 청어는 네덜란드의 부흥을 가져온 당대의 반도체 같은 존재였다. 공교롭게도 현대의 네덜란드는 세계적 반도체 장비 회사 ASML을 보유한 국가이다. 고부가가치를 지닌다는 점에서 둘은 공통점을 지닌다.

공포의 대상이던 바다는 네덜란드 사람들에게 축복의 공간으로 바뀌기 시작했다. 청어를 잡기 위한 북해 어업을 통해 산업 전반에서 힘을 얻은 네덜란드는 연안에서 먼바다로 눈길을 돌렸다. 발트해부터 이베리아반도에 이르기까지 소금, 곡물, 가죽, 목재, 구리와 철 등 각종 화물과 원자재를 실어 나르면서 부를 축적해 나갔다. 1602년 동인도회사 VOC를 세울 수 있었던 것도 청어가 일으킨 산업 인프라 덕분이다.

네덜란드는 아시아에서도 점차 포르투갈의 영향력을 대체하며 후추, 육두구, 정향 등 향신료를 들여와 북유럽에 판매하기 시작했다. 약소국 네덜란드는 마침내 스페인의 식민지에서 벗어나 독립할 수 있는 경제적 토대를 마련하고, 스스로 대양시대의 주역으로 점프한다. 네덜란드 황금의 17세기를 이끌어낸 비밀병기는 바로 청어였다.

7장

여수 통구민 배와
탈출

상황은 점점 더 나빠졌다. 대기근에 역병까지 겹치면서 사람들이 쓰러져 갔다. 하멜 일행 중에도 장티푸스에 걸린 희생자가 나왔다. 강진에 사는 동안 하멜 일행 중 11명이 목숨을 잃는다. 처음 대만에서 출발할 때 선박에 승선했던 사람들은 64명, 배가 난파해 제주도에 살아서 상륙한 사람은 36명이었다. 서울로 올라오는 길에 한 명이 영암에서 숨지고, 서울에서 청나라 사신 소동을 빚으면서 두 명이 옥사했다. 우여곡절 끝에 전라도 강진의 병영으로 내려가 7년 지내는 동안 다시 동료들이 세상을 떠나는 바람에 일행은 이제 22명으로 줄어들었다.

흉년이 계속되어 많은 사람이 굶어 죽고, 백성들은 더 이상 세금을 바칠 여력조차 없던 아주 끔찍한 해였다고 하멜은 기록하고 있다. 강진의 병영에서도 이들에게 나눠줄 식량이 바닥났다. 이쯤 되면 하루하루 버티는 게 고역이다. 1663년 2월 말, 조정에서는 하멜 일행을 세 고을에 나누어 배치하라는 명령을 내린다. 강진에 모여 살던 하멜 일행을 여수에 12명, 순천에 5명, 남원에 5명으로 각각 분산 수용하라는 내용이었다. 악착같이 마련한 집이며 세간살이를 모두 버리고 낯선 곳으로 떠나야만 했다. 피땀 흘려 구축한 삶의 근거를 또 한번 잃게 된 것이다.

우리는 헤어지는 것이 매우 슬펐다. 강진에서는 작은 정원을 가진 집에서 이 나라의 기준에 걸맞게 세간을 갖추어 놓고 살았기 때문이다. 그런 큰 노력의 결실을 버리고 떠나야 했다. 그처럼 힘든 시기에 새롭게 이루기 쉽지 않은 것이었다.

지난 7년여 강진에서 쏟아부은 노력과 고생이 죄다 물거품으로 돌아갔다. 그와 동료들은 이미 여러 차례 삶의 토대를 한꺼번에 잃는 경험을 했다. 태풍을 만나 선박과 선장을 잃었고, 서울에서 한겨울 혹한을 이기는 의복을 사는 대신 마련한 집도 뒤로하고 떠나야 했다. 이제 강진의 집과 가재도구마저 버리고 동료들과도 뿔뿔이 헤어졌다. 인생에서 유일하게 확실한 소유는 자기 자신의 삶뿐이라는 것일까?

이런 상황을 맞게 되면 사람들은 대부분 정신적으로 무너진다. 그러나 하멜은 돌이킬 수 없는 슬픔에 오래 매달릴 여유가 없었다. 어떻게 해서든 살아남아 이 고통을 끝내야만 했다. 다시 일어나 앞을 향해 나아가야만 했다. 영어권에서 강조하는 'Moving on'의 자세다. 하멜이 끝끝내 살아남은 데에는 물론 운運도 작용했다. 그러나 그 행운을 움켜쥐게 만든 것은 하멜의 생각과 태도였다.

그가 기록한 글의 행간에서는 많은 동료들이 조선 여성과 살림을 했다는 걸 읽을 수 있다. 인간적인 야속함과 한恨 같은 감정도 느껴진다. 혹시 이 시절 하멜도 조선 여성과 살림을 차리지 않았을까? 그러다가 강제로 헤어졌거나, 아니면 기근과 전염병으로 잃었던 건 아니었을까?

좀처럼 개인사를 드러내지 않은 하멜의 신중한 성격 때문에 확인할 수 있는 내용은 없다. 다만 강진에서 여수로 생활 근거지가 바뀌면서 탈출과 관련한 하멜의 태도가 180도 변하는 것을 보면 뭔지 모를 강력한 충격을 받았음을 짐작할 수 있다. 그 이전까지 하멜은 탈출을 주도하지 않았을 뿐더러 신중한 태도를 견지했다. 그런데 여수로 이동한 후부터는 누구보다 적극적인 탈출 주도자로 급변한다.

오디세우스와 하멜의 메티스 능력

하멜의 꿈과 모험, 역경 극복의 이야기를 추적하다 보면 호메로스의 역작 《오디세이아*Odyssey*》 속 오디세우스가 떠오른다. 오디세우스란 이름은 '오디움'odium을 받은 자'란 뜻이고, 오디움이란 그리스어로 미움과 불신을 뜻한다. 태생적으로 신들에게 미움을 받아 고생할 팔자였다. 원하지 않은 트로이 전쟁에 동맹군의 일원으로 참가하는 바람에 사랑하는 아내 페넬로페와 아들 텔레마코스를 두고 집을 떠났다. 그리고 오랜 세월 전쟁터와 거친 바다에서 보내야 했다. 식인 습성이 있는 거인 국가에서 부하를 빼앗기고, 거친 파도에 배가 부서지고, 칼립소와 키르케라는 요정에게 몸과 마음이 흔들리지만, 끝내 돌체 비타의 삶을 거부하고 귀향을 선택했다.

이탈리아와 영어권에서는 그의 이름을 율리시즈라 부른다. 중세에서 근대로 넘어오던 시기의 유럽인들은 오디세우스를 유럽인의 전형으로 간주했다. 호기심이 많고, 주도면밀하게 계획을 세운 뒤 행동하는 특성, 타인에게 미루지 않고 스스로 결정하는 자기결정 능력, 깨어있는 지성 등의 요소를 지녔기 때문이다. 스스로 깨우치는 자기해방 능력을 오디세우스에게서 보았다.

호메로스의 《오디세이아》는 서양에서 가장 오래되고 또 가장 유명한 귀향歸鄕의 노래다. 판타지 문학의 거장 어슐러 르 귄의 재치 넘치는 요약에 따르면, 눈먼 시인 호메로스가 쓴 《일리아드》는 전쟁 이야기, 《오디세이아》는 여행 이야기다. 오디세우스가 트로이 전쟁을 끝내고 이타카의 집에 돌아오기까지 걸린 시간은 도합 20년이다. 공교롭게도 하멜 역시 20년 만에 고향에 돌아갈 수 있었다. 내가 하멜을 가리켜 17세기 네덜란드의 오디세우스라 부르는 이유다. 《오디세이아》는 영웅의 귀향을 노래했지만, 그 안에는 수많은 알레고리와 상징이 겹겹이 포개져 있다. 이 작품은 흡사 오디세우스라는 인물을 내세워, 항상 위험과 함께 살아가는 리더들에게 바치는 헌사처럼 느껴진다.

하멜의 인생은 여러 가지 면에서 오디세우스와 유사한 점이 많다. 호메로스는 서양 최고의 고전 《오디세이아》에서 포도주를 난파당한 자에게 건네는 생명수로 묘사하고 있다. 강풍을 만나 표류하던 오디세우스에게 바다의 요정이며 '여신들 가운데 고귀한 요정' 칼립소가 건넨 것은 포도주였다. 대리석 같은 풍만한 몸매를 자랑하던 또 다른 요정 키르케가 오디세우스에게 나눠준

강풍과 괴물을 만나 고전하는 오디세우스.
근대 유럽인의 전형으로 여겨지던 오디세우스는 예상치 못한 위기나 끊임없이 변화하는 환경에 기민하게 대응하는 '메티스metis' 능력이 뛰어났다. 하멜은 현실 속의 오디세우스였다.

것도 붉은색 포도주였다. 살다 보면 느닷없는 강풍을 만나 속절없이 고꾸라질 수가 있고, 그럴 때일수록 당황하거나 투덜거리지 말고 포도주 한잔 음미하며 차분히 지혜를 구하라는 뜻일까?

리더는 현장에서 유연해져야 한다. 해결책은 현장의 수만큼 있고, 다른 현장의 답을 해결의 힌트로 삼을 수는 있지만, 그대로 적용하려고 해서는 안 된다. 노치 츠네요시가 쓴 《도요타의 이야기》에서 강조한 말이다. 사전에 열심히 준비하지만, 막상 현장에서 맞닥뜨리는 현실은 다르다. 그 새로움과 낯선 환경에 적응하는 수밖에 없다.

오디세우스는 '메티스metis' 능력이 뛰어났다. 메티스는 지혜의

신이며, 고대 그리스어로 '지혜' '기술'을 의미한다. 고대 그리스 용어인 메티스를 현대의 리더십과 기업교육 용어로 부활시킨 사람은 예일 대학교의 정치학자이며 인류학자인 제임스 C. 스코트였다. 스코트 교수가 정의하는 메티스란 '끊임없는 환경변화에 대응하는 여러 가지 실용적인 기술과 후천적으로 취득된 지능'이다. 예상치 못한 위기나 끊임없이 변화하는 환경에 기민하게 대응하는 기술과 지능을 말한다. 곧 이 시대가 강력히 요구하는 능력이다. 해외시장을 개척하는 사람들, 글로벌 기업과 스타트업, 빅클럽의 축구 감독들은 변화무쌍한 상황에 자주 노출되기에 태생적으로 리스크를 감수할 수밖에 없다. 열심히 준비하되, 급변하는 현실에 기민하게 대응해 유연한 전략을 구사하는 수밖에 없다.

메티스는 책이나 이론 공부로 터득할 수 있는 것이 아니다. 실천적 지식이나 수완, 혹은 육감적인 능력 같은 영역이다. 영어권에서 말하는 'street wise', 즉 학교가 아니라 거리에서 배운다는 뜻이니 실제 경험의 중요성을 의미한다. 하멜은 이론적 배움은 별로 없었다. 다만 그 누구보다 강하게, 실전으로 다져진 인생이었다. 문제 해법을 위한 종합적 직관의 소유자였다. 스코트 교수는 메티스가 있는 모델로 오디세우스를 꼽았는데, 하멜이야말로 현실 속의 오디세우스였다.

여수, 마지막 비상구

여수는 눈앞에 바다가 있고 배가 있는 곳, 하멜에게는 마지막 비상구였다. 강진을 출발한 하멜이 여수에 도착한 것은 1663년 2월 말이었다. 중간에 순천에서 5명의 동료와 헤어졌다. 여수에서 함께 살게 된 일행은 12명으로 모두 전라좌수영에 배속되었다. 오래전 이순신 장군이 지휘하던 곳이다. 여수 앞바다에서 탈출하는 1666년 9월 4일 밤까지, 하멜은 이 운명의 도시에 3년 6개월 체류하게 된다.

전라좌수영의 책임자인 좌수사는 하멜 일행에게 가구가 갖춰진 집 한 채를 마련해주고 이전에 받던 만큼의 식량을 지급했다. 그의 표현대로 말한다면 선량하고 온유한 사람이었다. 그 좌수사는 그러나 하멜이 도착한 지 이틀 만에 떠나고 다른 사람이 부임하는데 일행을 매우 고달프게 만드는 유형이었던 모양이다.

신임 좌수사는 우리를 정말 많이 괴롭혔다. 여름에는 뙤약볕 아래서, 겨울에는 비와 우박과 눈 속에서 아침부터 저녁까지 하루종일 대기하도록 시켰다. 날씨가 좋을 때는 온종일 화살을 주었는데, 그가 부하들에게 날마다 화살 쏘는 연습을 시켜 1등 사수로 만들고자 했기 때문이다.

자신의 성과를 위해서는 피도 눈물도 없는 전형적인 출세 지향적 지휘관을 보는 듯하다. 하멜 일행은 이방인이라는 이유로 더 가혹한 처우를 받았다. 조선에서 하멜은 국왕인 효종에서부터 시작해 다양한 리더들을 만났다. 책임자가 누구냐에 따라 그들의 운명도 바뀌었다. 하멜이 평가하는 조선 리더들의 리더십은 다양하다. 강진의 병영에서는 7년 동안 모두 5명의 지휘관을 거쳤다. 그 가운데는 인간적으로 따스한 배려를 해주는 지휘관도 있었지만, 일부러 광장의 잡초 뽑는 작업과 허드렛일을 시키며 괴롭히는 사령관도 만났다.

여수의 좌수영에서는 5명의 좌수사를 겪었다. 강진과 여수의 10명 사령관 가운데 문헌을 통해 이름이 확인되는 사람은 전라병사 2명과 전라좌수사 5명 등 모두 7명이다. 그는 자신이 직접 체험한 일들과 리더들에 대한 인상을 기록으로 남겼다. 그는 조선에서 만난 리더들을 크게 '좋은 리더'와 '나쁜 리더'로 구분하고 있다. 좋은 리더를 만나면 그럭저럭 견딜 만했지만, 나쁜 리더 아래 배속되면 지옥 같은 삶이 펼쳐졌다. 여수에서 만난 리더들

하멜 동상이 서있는 여수 하멜 전시관과 그 앞의 풍차 및 등대.
한반도에 표착한 하멜이 마지막으로 머물던 곳이자 통구민 배를 타고 나가사키로 탈출한 여수에는 하멜 전시관이 들어서 있다. 전시관 앞에는 풍차가, 빨간색 등대에는 '하멜 등대'라는 글자가 새겨져 있다.

도 극과 극을 달렸다. 일부 리더는 새로운 문명에 대한 호기심은 커녕 관심조차 없었다. 귀찮아하고, 심지어 인종 차별을 일삼으며 거부반응을 보였다.

그러던 중 여수에서 전라좌수사인 이도빈이라는 인물을 만나게 된다. 그는 여수에서 재임하는 2년 동안 하멜 일행을 불쌍히 여겨서 과도한 부역에서 해방되도록 배려했다. 또 한 달에 두 번 검열을 받고, 비상 연락망을 공유하며 외출할 때 교대로 집을 지키는 식으로 자유롭게 생활하도록 했다. 그는 호기심도 많아서 네덜란드 사람들을 자주 초대해 먹고 마실 수 있게 했다. 바닷가에 살고 있는데 왜 일본으로 탈출하지 않는지 넌지시 묻기까지 했다. 결과적으로 이도빈의 격려와 질문이 하멜이 탈출을 꿈꾸는 데 큰 용기를 주었다.

인생은 새옹지마

하멜 일행을 잘 챙겨주던 이도빈이 다른 곳으로 승진해가고 새로운 책임자가 부임해 왔다. 탈출에 미온적이었던 하멜의 태도에 변화가 온 것은 새로운 좌수사를 만나면서부터다. 바뀐 좌수사는 외국인이라는 이유로 그들을 매우 가혹하게 처우했다. 날마다 벼를 찧거나 개인별로 매일 백발의 새끼줄을 꼬라는 명령이 내려졌다. 도저히 하루 할당량을 채울 수 없을 만큼 과도한 일을 연거푸 시켰다. 앞서 강진의 병영에서도 잡초를 뽑거나 화살을 나르는 등 무의미한 일을 하며 지내는 나날이 많았다.

노예나 다름없는 처우에다 먹을 것과 입을 것마저 충분치 않았다. 남원과 순천 등 다른 곳에 분산 배치된 동료들의 사정도 비슷했던 것 같다. 어떤 사람이 책임자로 오느냐에 따라 좋은 시절과 나쁜 시절이 반복됐다. "꾹 참을 수밖에 없었다"는 하멜의 표현에서 당시 그들이 겪어야 했을 고통과 분노의 심경이 선명하게 읽힌다.

살면서 견디기 힘든 순간 가운데 하나는 불의와 차별대우를 당한다고 느낄 때다. 자신이 무시당한다는 느낌, 그것이 잠재되어 있던 자의식과 만나면 사람들은 대개 더는 참지 못하고 폭발한다. 감정폭발은 또 다른 피해가 되어 돌아온다. 아담 샌들러와 잭 니콜슨 주연의 〈성질 죽이기Anger Management〉라는 할리우드 영화가 제작되었을 만큼 서양에서는 분노 조절의 중요성이 강조된다. 아무리 억울하고 힘들어도 스스로 분노를 조절할 줄 알아야 성숙한 인간이다. 여수 좌수영의 좌수사는 무척 가혹한 유형의 보스였지만 그와 마찰해봐야 자기만 손해 볼 게 뻔했다. 하멜은 끓어오르는 분노와 모욕감을 달래며 앞날을 궁리했다.

일단 그 좌수사와 잘 지내면서 구걸을 열심히 해서 배 한 척의 두세 배 대금을 마련해 보기로 했다.

여기서 다시 한번 치밀하고도 현실적인 하멜의 성격이 드러난다. 들끓는 감정을 드러내는 대신 좌수사와 좋은 관계를 유지할 것, 두 걸음 전진하기 위해 한 걸음 후퇴한 것이다. 결정적 순간이 오기만을 기다리면서 생활비를 아끼고 굴욕도 마다하지 않았다. 마침내 그는 동료들과 함께 중대한 결심을 하기에 이른다.

불안과 슬픔 속에서 노예 생활로 사느니 차라리 우리의 운명을 시험해보고 싶었다. 우리를 싫어하는 몇몇 사람에게 휘둘리는 삶이 슬프게 느껴졌다.

하멜의 이 말은 울림이 크다. 지금은 누구나 자유라는 단어를 쉽게 말하지만, 하멜처럼 자유의 의미와 소중함을 온몸으로 깨우친 사람도 드물다. 자유는 인문학이 궁극적으로 추구하는 질문이다. 자기의 운명을 다른 누군가에게 의뢰하지 않고 스스로 결정하겠다는 결심이야말로 진정한 자유인의 표상이다. '내 삶의 지배자는 나 자신'이라는 결연한 선언이었다.

프랑스 저술가 조르주 바타유의 말이 옳다. 금기는 욕망을 낳는다. 하지 말라고 하면 더 하고 싶어지는 법이다. 극단의 위기는 발상의 전환으로 이어진다. 하멜이 털어놓은 말을 전체적인 맥락으로 보자면, 여수로 이동하기 이전까지만 해도 하멜과 동료들은 체념하는 분위기였다. 탈출하려는 꿈조차 꾸지 못했다. 그런데 여수에서 심신을 옭죄는 사령관들을 만나면서 '자유를 위해서는 죽어도 좋아'라는 의식이 생긴 듯하다. 하멜의 표현 그대로 자신의 운명을 한 번 더 시험해보고 싶게 만들었다. '슬픔이 커다란 기쁨으로 바뀌게' 되었다는 하멜의 말을 동양식으로 표현하면 새옹지마塞翁之馬다. 화가 복을 불렀다.

성공한 기버

흔히 네덜란드 사람들을 가리켜 지구 최고의 경제 동물이라 말한다. 유대인, 중국인과 더불어 가장 뛰어난 상인정신을 지닌 민족이라 일컫는 사람도 있다. 그 유대인과 네덜란드 사람들이 만나서 발전시킨 도시가 암스테르담이며 VOC다. 《하멜표류기》를 읽다 보면 하멜의 탁월한 경제 감각을 자주 확인할 수 있다.

하멜은 언제 어디서나 무엇인가를 팔아서 생활을 영위했다. 산에 가서 나무를 베어 땔감을 마련한 뒤 마을 사람들에게 팔았고, 배에서 건진 녹비도 팔았다. 옷을 사지 않고 추운 겨울을 견딘 대신 그 돈으로 작은 집을 샀다. 강진 시절 청어를 소금에 절여 팔았고, 가까운 섬을 돌면서 물물교환이나 행상 같은 것도 했다. 나무를 깎아 네덜란드의 나막신을 팔았다.

보이는 물건만이 아니라 보이지 않는 것도 팔았다. 자신의 노동력과 항해기술, 군사 관련 지식을 팔았다. 먼 나라의 재미난

이야기를 들려주고 음식을 얻어먹었다. 스토리텔링은 기술, 정보, 서비스, 인간관계과 더불어 현대의 중요한 무형자본이다. 17세기 중반에 그는 이미 무형자본의 가치를 깨우치고 있었다.

파는 데 탁월했던 사람이 하멜이다. 조선은 상업행위와 상인을 천시했지만, 네덜란드 사람들의 다수를 이루던 칼뱅파의 윤리는 정직한 부富를 부정하지 않았다. '상인정신handelgeest'과 '이익을 추구하는 사고방식'은 오히려 존경받기까지 했다.

무언가 이득을 얻고 싶다면 상대방이 관심 가질 만한 것을 내가 먼저 제시하거나 주어야 한다. 영어에서 말하는 기브앤테이크Give & Take, 바로 그 이치다. '받으려면Take, 먼저 주어라Give'는 공식이다. 그런데 주변을 보면 대부분 거꾸로 한다. 먼저 받고 나서, 그에 따라 주겠다는 '테이크앤기브'의 태도를 지닌 사람들이 훨씬 많다. 손해 보지 않겠다는 마음이 앞서기 때문이다.

미국의 조직심리학자 애덤 그랜트는 자신의 책 《기브앤테이크》에서 사람에겐 세 가지 유형이 있다고 주장한다. 받은 것보다 더 많이 주기를 좋아하는 '기버giver', 준 것보다 더 많이 받기를 바라는 '테이커taker', 받은 만큼 되돌려 주는 '매처matcher'가 그것이다. 여기서 눈길을 끄는 대목은 '기버'를 두 가지로 나눈 것이다. 즉 한없이 베풀기만 하다 힘들어져서 결국 '실패하는 기버selfless giver'가 있는가 하면, 자신의 요구와 타인의 요구 사이에 적절한 균형을 유지하는 '성공한 기버otherish giver'도 있다는 것이다.

후자는 다른 사람의 이익뿐만 아니라 자신의 이익에도 관심이 많기에 결국은 사회에도 이롭고 자신도 성공한다는 발상이다.

하멜은 무엇인가를 먼저 제시하고 주는 과정을 통해 이득을 취했던 '성공한 기버otherish giver' 유형이었다. 뼛속까지 네덜란드 사람이었던 하멜은 조선에서의 상업행위와 상인들을 어떻게 바라보았을까? 예리한 눈으로 속임수를 놓치지 않았다.

> 조선에서는 일반인이나 도붓장수들 가운데 속임수가 아주 많다. 사는 사람은 무게나 계산이 모자라는 경우를 많이 당하고, 파는 사람은 눈금이 많고 무거운 것처럼 속이는 경우가 많다.

일지와 별도로 조선이라는 국가에 대한 개황槪況 자료로 하멜이 따로 정리해놓은 글이 있다. 이 가운데 조선인의 특성에 관한 언급이 있다. 때로는 읽기에 불편한 부분도 있지만, 조선과 조선인에 관한 3인칭 시점의 평가라는 측면에서 참고할 필요가 있다.

> 조선사람은 훔치고 거짓말하며 속이는 경향이 강하다. 썩 믿을 만한 사람들은 되지 못한다. 남을 속여넘기면 그걸 부끄러워하는 게 아니라 아주 잘한 일로 생각한다. (중략) 한편 그들은 착하고 남의 말을 곧이듣기 잘한다. 그래서 마음만 먹으면 얼마든지 그들에게 우리 말을 믿게 할 수 있었다.

마음을 아는 자가 이긴다

배를 구해 탈출하겠다는 목표는 정해졌다. 그러나 구체적인 실천방안이 뒷받침되지 않는 목표는 무지개와 같아서, 아무리 뜻이 좋다 해도 실패할 가능성이 크다. 바우하우스 교장을 지낸 전설적인 건축가 루드비히 미스 반데어 로에의 명언은 아무리 강조해도 지나치지 않다.

"신은 디테일에 있다!God is in the details!"

이 말을 패러디한다면 협상의 성공은 디테일에 있다. 극단의 위기라는 비상 상황에서 하멜의 출구전략은 과연 어떠했을까? 하멜이 탈출용 배를 마련하는 과정을 면밀히 살펴볼 필요가 있다. 자신의 일상생활을 감시하고 좌지우지하는 상사와의 관계에서 불협화음을 제거하기로 한 결정이 첫 번째였다. 탈출이라는 궁극적 목표를 위해 현실의 굴욕이나 불만을 참기로 했다. 현대인들의 사회생활에서도 쉽지 않은 부분이다.

두 번째는 탈출용 배 구입 비용을 마련하기 위해 구걸까지 열심히 했다는 대목이다. 구걸은 분명 치욕스러운 행위지만 언젠가 다가올 결정적 기회를 위해 그 치욕마저 참고 견디기로 한 것이다. 그 정도로 자유가 절실했다는 뜻이다. 세 번째, 다른 배를 이용해 사전에 주변의 섬들을 오가면서 지형을 살피고 바다에 관한 정보를 수집했다. 일본을 다녀온 적 있는 선원들을 통해 그곳으로 가는 해양정보도 알아냈다.

아무도 모르게 준비를 끝낸 그는 마침내 승부수를 던지기로 했다. 하멜은 자기 집을 자주 방문하는 이웃 조선사람에게 배 한 척을 사달라고 부탁했다. 외국인인 본인들이 직접 나서면 탈출할 것이란 의심을 사기 십상이었다. 물론 이웃 사람에게 음식과 술을 대접하고 약간의 수고비까지 주는 것을 잊지 않았다. 중간에서 일하는 사람의 동기유발 심리도 이용했다. 주변 섬을 다니면서 목화를 많이 장만하고 싶다는 공식적인 핑계도 댔다.

배 한 척 사달라고 부탁하면서 (섬에서) 솜을 구해 돌아오면 이익금을 나누어 주겠다고 약속했다. 우리는 그의 구미가 당기도록 배를 사면 톡톡히 사례하겠다고도 귀띔했다.

마침내 배를 판다는 사람이 나타났다. 그러나 막상 배를 인수하러 간 날, 배의 주인은 하멜 일행을 보더니 거래를 취소하려

하멜이 탈출할 때 이용했던 통구민 배 모형.

여수 하멜 전시관에 있는 통구민 배의 모형. 실물의 70%로 축소한 것으로 4.2m×1.6m의 크기다. 통나무 속을 파내고 만들었으며 '통선' '통구맹이' '통구미' 등으로도 불리던 소형 어선이다. 넓은 바다에서 장거리 항해를 하기에는 적합하지 않아 조선 시대 남해안 어부들은 주로 연안에서 고기잡이배로 이용했다.

들었다. 만약 하멜 일행이 도망이라도 간다면 자기가 처벌받게 될 것이라는 두려움 때문이었다. 이 장면을 보면 하버드 대학교에서 국제협상 프로그램을 지휘하는 다니엘 샤피로 교수의 "원하는 것이 있으면 감정을 흔들어라!"는 주장이 떠오른다. 상대가 무엇을 바라는지, 이득에 약한 인간의 심리를 절묘하게 파고들라는 말이다. 용의주도한 하멜의 진가가 이때 또 한 번 발휘된다. 배 주인의 감정을 세차게 흔들었다.

> 우리는 팔려는 사람이 만족할 만큼 충분하게 두 배의 값을 제안했다. 그는 앞으로 닥쳐올 고통보다 눈앞의 돈에 더 눈이 멀었고 우리는 그 기회를 꼭 붙잡아야 했기 때문에 거래는 성사되었다.

여수에서 일생일대의 승부수를 던진 하멜은 마침내 원하는 것을 얻어냈다. 협상을 앞두고 철저히 상대의 관점이 되어 생각하고 준비했음을 알 수 있다. 하버드대 로스쿨의 협상 전문가 로버트 누킨 교수는 원하는 것을 얻으려 할 때 기업들이 저지르는 가장 큰 실수는 자신의 요구만을 주장하는 것이라고 말했다.

"상대의 머릿속을 읽어야 합니다. 그들의 생각이나 니즈뿐 아니라 감정 상태까지 알고 있어야 해요. 또 상대가 어떤 부분에서 신뢰를 품는지도 파악해야 합니다. 상대에 대한 정보를 최대한 많이, 정확히 수집하는 것이 출발입니다."

하멜은 기업가가 아니다. 다니엘 샤피로 교수와 로버트 누킨 교수의 수업 대상인 경영자나 공공기관의 리더도 아니었다. 그럼에도 하멜은 더 안 좋은 상황이 벌어질 경우를 가정하고 그 대비책까지 구상해 두었다. 흔히 플랜 B를 말하지만, 하멜은 이보다 훨씬 더 나아갔다. 최악인 플랜 Z까지 마련했다. 사전에 다양한 옵션을 생각해보고 시뮬레이션해보는 단계에까지 이른 것이다. 협상과 거래는 준비의 힘이다. 많은 성취에도 불구하고 한국 일부 기업들의 협상 능력은 여전히 높지 않다. 이렇게 말하는 사람들까지 있을 정도다.

"대충 준비하고 현장에서 부딪혀 봐!"

비즈니스는 상대적 게임이다. 협상에서 가장 중요한 것은 상대방이 진짜로 원하는 바를 정확히 파악하는 일이다. 배를 사고파는 협상에서 상대방이 원하는 것은 돈이었다. 그 점을 정확하게 간파하고 대처한 결과 하멜은 마침내 배를 손에 넣었다. 또 하나 빠뜨릴 수 없는 건 하멜이 상황 변화에 즉각적으로 대응했다는 점이다. 조금이라도 멈칫하거나 시간을 미루었다면 성사되기 힘든 거래였다.

통구민 배 타고 일본으로 탈출

버스커버스커의 노래 '여수 밤바다' 덕분에 유명해진 풍경, 바닷가 특유의 짭짤하고 비릿한 냄새가 물씬 나는 낭만포차 거리가 시작되는 지점에 그의 동상이 우뚝 서 있다. 여수에 3년 6개월 체류했던 하멜을 기리기 위한 동상이다. 여수는 하멜에게 비상 탈출구였으며 한반도에서 마지막 발자국을 남긴 곳이다.

　여수의 하멜 전시관은 동상 옆에 있다. 머리 위로는 돌산 섬과 연결하는, 웅장한 거북선대교가 지나가는 곳이다. 돌산은 갓김치의 고향이다. 궁금해졌다. 푸른 눈과 노란 머리의 서양 사나이도 돌산 갓김치를 먹어보았을까? 돌산 앞바다에서 불어오는 바람 속에 성장한 갓 잎으로 만든, 갓김치 특유의 톡 쏘는 맛은 분명 매력적이다. 하지만 네덜란드 사나이인 그는 알싸한 갓김치를 입에 넣었을 때 어떤 표정을 지었을까? 혹시 놀란 눈으로 고개를 절레절레 흔들지는 않았을까?

　하멜 전시관에 들어서자마자 투명 보호장치에 전시 중인 것이 눈에 뜨였다. 2012년 여수박람회가 열릴 때 네덜란드가 기증한 하멜 보고서 사본이다. 윤색되지 않은 《하멜표류기》의 기록이 들어있는 것으로 오리지널 문헌은 네덜란드 헤이그에 있는 국립 문서보관소에서 보관 중이다. 그 보고서는 중세와 근대의 네덜란드어로 쓰여 있어 전문가가 아닌 일반인들로서는 해독이 어렵지만, 정성껏 손으로 써 내려간 헨드릭 하멜의 필치는 차분한 성격을 알게 해준다.

전시관에서 눈길을 끈 것은 '통구민 배'였다. 그가 시중가보다 두 배 높은 가격을 주고 어렵사리 구했다는 바로 그 선박의 모형이다. 남해안 어민들 사이에 즐겨 이용되던 전통 목선의 한 종류인데 이곳에 전시된 모형 선박은 70% 축소모형으로 4.2m×1.6m의 크기라 한다. 실제 크기는 모형보다 조금 더 컸겠지만 그렇다고 해도 넓은 바다로 나가 장거리 항해를 하기에는 적합하지 않아 남해안 어부들은 주로 연안에서 고기잡이배로 이용했다.

통구민 배가 아무리 작고 보잘것없더라도 하멜에게는 암울한 현실에서 빠져나가는 유일한 출구를 의미했다. 그 배는 꿈이며 간절함이었다. 하멜을 비롯한 8명의 건장한 사나이들은 이 작은 배에 몸을 싣고 필사적인 탈출에 나섰다. 주변 지역에 분산된 일행까지 합하면 그때 모두 16명이 살아남았는데 왜 8명만 떠났을까? 하멜 일행은 2교대 근무를 하고 있었다. 책에는 나와 있지 않지만 조선 여인과 살림을 차려서 떠나기를 주저하던 사람들은 제외했던 듯싶다. 당시 하멜 일행은 여수, 순천, 남원 등 세 군데로 분산 수용되어 있었다.

큰 바다로 나가자면 경험 많은 항해사의 동참이 필수적이었다. 경험 많은 항해사는 얀 피터선, 순천에 머물던 그를 데려오기 위해 하멜은 사람을 보냈다. 그런데 하필이면 그때 얀 피터선은 다른 동료를 방문하러 남원에 가 있었다. 다시 남원까지 걸어가 그를 만난 뒤, 여수까지 걷고 또 걷는 강행군을 거쳐 그를 데려올 수 있었다고 한다. 그리하며 하멜 일행은 여수 앞바다에 배를 띄워놓고 남모르게 배 안에 비상식량을 비축하기 시작했다. 하멜을 비롯한 8명의 네덜란드 남자들은 마침내 운명의 시간을 기다렸다. 1666년 9월 4일 밤의 그 숨 막히던 순간을 하멜은 특유의 차분한 문장으로 적어 내려간다.

쌀, 물, 냄비, 장작 등 필요한 것들을 성벽 넘어 몰래 배에 가져다 두었다. 달이 지자 다시 성벽을 넘어 배에 탔고, 식수를 더 얻기 위해 고을에서 대포 사정거리쯤 떨어져 있는 섬으로 갔다. 그 후 우리는 전투함들과 어선들 사이를 지나가야 했는데, 마침 순풍을 만나서 돛을 올리고 항만 밖으로 빠져나갔다.

태풍과 전염병, 기근과 학대로 많은 동료가 죽었지만, 하멜은 살아남았다. 운명의 가혹함에 좌절하지 않았다. 섣불리 나서지도 않고 그렇다고 포기하지도 않았다. 그는 오랜 시간을 두고 착실

목숨을 건 탈출.
나무 속을 파내 만든 작은 배에 8명이 몸을 실었다. 목숨을 건 필사의 탈출이었지만 다행히 순풍이 그들의 뒤를 밀어주었다. 그림은 네덜란드에서 출간된 하멜 여행기 초판에 수록된 삽화이다.

히 준비했다. 일본으로 향하는 바닷길 정보도 미리 확보해 두었다. 하멜의 이 같은 태도는 괴테의 유명한 어록을 떠오르게 한다.

"서두르지 않으나 쉬지도 않고 나아간다ohne Hast, aber ohne Rast."

그의 탈출 과정은 현대의 기업이나 사업가, 성공한 스포츠 지도자들의 전략을 방불케 한다. 확실한 목표 설정(탈출)→전략 수립(선박 구입 플랜)→구체적인 실행 돌입(구걸 및 절약)→구매 협상(선박 구입 대행자 선정 및 예상 시나리오 짜기)→어자일agile 전략(현장 상황에 맞는 임기응변)→과감한 결정(두 배의 가격 지불)으로 이어지는 치밀한 과정이었다.

돌아보면 하멜의 삶은 그 자체로 혁신이었다. 혁신이란 무엇인가? 새로워지는 것이다. 그는 기회가 왔을 때 주저하지 않고 자기혁신을 감행했다. 나막신을 만들고, 땔감을 아끼고, 동냥해서 번 돈까지 모두 바쳐 배를 샀다. 그 배로 마침내 자유를 찾아 나선 것이다. 모든 것을 바칠 만큼 자유는 소중한 그 무엇이다.

어디선가 노랫소리가 들리는 듯하다. 버스커버스커의 '여수 밤바다'가 낭만을 노래했다면 하멜의 여수 밤바다는 생사의 기로에 선 필사적인 항해를 의미했다. 로드 스튜어트가 불러 유명해진 팝송 'Sailing(항해)'의 노랫말처럼 하멜은 닻을 올리고 노를 저어 먼바다로 나아갔다.

I am sailing / Home again / 'Cross the sea / I am sailing / Stormy waters / To be near you / To be free.
(나는 항해를 하네 / 다시 집을 향해 / 바다를 건너 / 나는 항해를 하네 / 거친 물결을 지나 / 당신에게 가까워지기 위하여 / 자유롭기 위하여).

8장

데지마, 그 이후

하멜이 여수를 탈출한 것은 1666년 9월 4일, 그리고 나가사키에 도착한 것은 같은 달 13일이었다. 이때부터 일본은 집요하게 하멜 일행으로부터 조선에 대한 정보를 빼낸다. 일본의 《통항일람通航一覽》의 제135권에 나오는 하멜 관련 기록을 먼저 살펴보자.

> (나가사키의) 관청에 끌고 가 신원을 물어보니 자기들은 본래 오란다 상인들인데, 일찍이 녹비와 설탕을 팔기 위해 일본으로 오던 도중 갑자기 폭풍우를 만났다. 그 바람에 빠져 죽은 사람이 28명이고 죽음을 면한 36명이 조선의 해변에 표착했는데, 마침내 붙들려 전라도라는 곳에 분산 배치되어 산 지가 13년이 되었다. 중간에 사망자가 있어, 남은 자는 16명뿐이다. 지난가을 돌아가지 않을 각오로 작은 배를 타고 달아나 이곳에 도착했다고 하며, 나머지 8명은 아직도 전라도에 머물고 있다고 한다.

일본이 하멜 일행에 대한 두 차례의 집중적인 심문을 통해 얻어낸 정보들은 결정적일 때 활용된다. 임진왜란 이후 수세에 몰렸던 일본의 조선 외교는 이때부터 공세로 돌아선다. 조선의 약점을 간파한 것이다. 상대국으로 향하는 배가 난파하거나 표류자가 생기면 상호 통보해 주기로 했는데, 조선은 양국 사이의 약속을 지키지 않았으며 오히려 그 배에 있던 물건들마저 빼앗아 버렸으니 약속 위반이라는 항의였다.

조선에 혼자 남은
얀 클라슨의 운명은?

조선 조정에서는 하멜 일행의 탈출 사실을 언제쯤 인지했을까? 놀랍게도 일본 측의 귀띔을 받을 때까지 탈출 사실조차 알아채지 못했다. 사정인즉 이렇다. 당시 동래에 근무하던 일본어 역관 김근행은 무역 업무로 대마도에 갔다가 다치바나 나리신橘成陳이라는 사람을 만났다. 그 자리에서 다치바나는 하멜 일행 탈출 건과 관련해 자신이 사신으로 내정되었으며 막부는 진상을 알고자 한다는 말을 김근행에게 전했다. 난파선이나 표류자가 발생하면 상호 통보해 주는 것이 양국의 약속이었지만 조선은 통보도 해 주지 않을 뿐더러 네덜란드 사람들의 재화마저 빼앗아 버렸으니 그 진상을 파악해야겠다는 으름장이었다.

역관 김근행으로서는 금시초문이었다. 놀란 그는 서둘러 귀국한 후 출장길에 들었던 얘기를 동래부사에게 보고했다. 동래부사는 화급히 서울에 장계를 올려 하멜 일행의 탈출 사실과 일본 측의 외교 공세가 있을 것임을 알린다. 그때가 음력으로 10월 23일(양력으로는 11월 19일)이다. 하멜이 여수에서 탈출한 것이 양력으로 9월 4일이었으니 무려 두 달 이상 한양의 조정에서는 탈출 사실조차 깜깜하게 모르고 있었다.

해당 지방관은 아무런 보고서도 올리지 않았다. 당시 지역 책임자는 전라좌수사 정영. 하멜 탈출에 직접적인 원인을 제공했던 가혹 행위의 장본인이다. 비변사는 정영을 잡아들여 조사해야 한다고 왕에게 요청했지만 정영은 체포되지도, 즉시 문책당하지도 않았다. 더 이상한 일은 그해 연말에 상을 받고 3년 뒤에는 경상우병사로 임명되기까지 한다. 참으로 어처구니없는 인사였다. 하멜 전문가인 강준식은 《다시 읽는 하멜표류기》에서 중앙정부에 비호세력이 존재하지 않았다면 도저히 일어나기 힘든 조치였으며 비리, 직무 태만, 파당 정치의 폐해 등 조선의 문제점이 총체적으로 드러나는 단면이었다고 분석했다.

VOC는 하멜의 증언을 통해 아직 조선에 남아 있는 나머지 선원들의 송환 작업에 착수한다. 이후 네덜란드와 일본, 일본과 조선 사이에 길고 긴 외교 교섭이 이어졌고, 마침내 조선에 있던 나머지 선원들도 풀려났다. 하멜은 처음에는 데지마에서 그리고 나중에는 바타비아에서 동료들의 송환을 위한 실무 역할을 맡은 것으로 보인다. 하멜이 탈출한 지 2년 뒤인 1668년 9월 16일, 나머지 네덜란드 선원들이 나가사키에 도착한다. 조선의 조정에서는 정식으로 송환되는 네덜란드 선원들에게 1인당 옷 한 벌, 쌀 10근, 포목 2필, 기타 선물도 안겨서 일본으로 보냈다.

하멜 탈출 이후 조선에 남아 있던 네덜란드 동료들은 모두 8명, 그런데 최종적으로 풀려난 사람은 7명이다. 그러면 나머지 한 명은 어떻게 된 것일까? 이 대목에서 흥미로운 이야기가 들린다. 즉 조선에 남아 있던 8명의 송환 교섭이 이어질 때 한 명은 송환을 거부하고 끝내 조선에 남기를 고집했다는 것이다. 그의 이름은 남원에 살던 얀 클라슨이다. 니콜라스 비츤의 책은 이보컨의 증언을 통해 그 이야기를 담고 있다.

조선에 아직 남아 있던 사람들 가운데 한 명이 그곳에 남기를 원했다. 그는 외국 땅에서 살기를 택했다. 그는 거기서 결혼했으며, 자기가 이제 기독교인이거나 네덜란드 사람이라고 할 만한 것은 눈곱만큼도 남아 있지 않다고 주장했다.

이보컨의 전언에 따르면 네덜란드 선원들 가운데 여러 명이 조선 여자와 살림을 차리고 아이도 낳았다. 어쩌면 1차 탈출 때 이들이 포함되지 않은 진짜 이유일지도 모른다. 이미 조선에 정착해 아내와 아이들까지 생겼으니 탈출은 쉽지 않은 선택이었으리라. 고향에 돌아온 선원들 가운데 몇 명은 언젠가 조선과 통상 관계가 수립된다면 기꺼이 조선으로 돌아가려고 했다는 증언도 남아 있다. 만약 그 말이 사실이라면, 이들은 조선에 남은 처자식과 눈물의 이별을 했으리라. 네덜란드 사나이와 살았던 가족들의 이후 삶은 또 얼마나 고단했을까?

그러면 남원에 남았다는 인물 얀 클라슨은 누구인가? 그는 스페르베르 호의 요리사였고 제주도에 도착했을 때 서른여섯 살 나이였다. 살아남은 사람들 가운데 가장 나이가 많았다. 나머지 8명 송환 협상을 벌일 무렵에는 이미 쉰 살을 넘긴 상황이었다. 고향 네덜란드에서 사회적으로나 신분상으로 높은 계층이 아니었다. 조선에 부인과 자식들이 있고 안정된 생활을 하고 있었다면 또다시 고통스러운 항해 과정을 거쳐 고향으로 돌아가야 할 이유가 없었으리라. 어쩌면 고향에 이렇다 할 연고가 없었을 수도 있다. 그에게는 남원과 전라도, 조선이 곧 제2의 고향이었다.

비판론자들은 엄격한 조선 시대에 일본과의 외교분쟁 소지를 무릅쓰면서까지 그의 개인적 사정을 고려해줬을 리 없다는 분석도 한다. 그럴지도 모른다. 일본에 건네진 공식 문건에는 7명만 보내며 얀 클라슨은 이미 사망했다고 적시돼 있다. 정말로 얀 클라슨은 죽었던 것일까? 아니면 사랑하는 조선의 여인과 자식들 때문에 주저앉은 것일까? 바람만이 그 해답을 알 뿐이다. 분명한 것은 그가 남원에서 눈을 감았다는 사실이다. 얀 클라슨이 조선 땅에 남긴 후손들도 어딘가에서 대를 잇고 있으리라.

일본의 방해로 좌절된
코레아 호의 운명

《하멜표류기》가 경쟁적으로 출판되면서 미지의 나라 조선에 대한 서구사회의 호기심이 급속하게 높아졌다. 물론 가장 흥분한 곳은 VOC, 즉 네덜란드 동인도회사였다. 하멜 일행의 보고를 통해 지금까지 전혀 알려지지 않은 조선이라는 새로운 나라가 있다는 사실과 이 나라의 상세한 현황을 파악한 VOC는 흥분을 감추지 못했다. 그건 서방이 알지 못했던 또 하나의 시장이 존재한다는 사실을 의미했기 때문이다. 앞서 16세기 중반부터 포르투갈 사람들이 일본을 비롯한 동아시아 해역을 드나들면서 조선이라는 존재는 어렴풋하게 인식하고 있었다. 그들이 만든 각종 지도에도 코레 혹은 코레아라는 지명이 등장한다. 하지만 그때만 해도 조선이 섬인지 육지인지 혹은 반도인지조차 제대로 알지 못한 상태였다.

　동인도회사는 하멜에 앞서 1610년 3월, 일본의 히라도에서 배에 갖고 간 후추 등 상품을 호랑이 가죽 등 조선에서 가져온 상품과 물물교환하는 데 성공한 적이 있었다. 대마도 영주가 조선과의 무역권을 독점하며 막대한 이익을 챙기고 있다는 사실을 알게 된 네덜란드가 조선 원정 함대를 꾸리기도 했지만, 계절을 잘못 만나 항해 시기를 놓쳤다.

이제 하멜을 통해 조선에 대한 매우 구체적이고 분명한 정보를 취득한 데다 하멜 일행이 조선과 통상을 강력히 건의하자 VOC 암스테르담 본부는 즉각 조선과 직접 접촉 및 통상교섭 준비에 착수한다. 1669년 VOC는 암스테르담에서 1,000톤급의 대형 상선을 건조했다. 흥미롭게도 그 선박의 이름이 '코레아 호 Jaght Corea'였다. 정작 하멜이 귀국한 것은 이보다 1년 뒤인 1670년이니, 동인도회사가 얼마나 발 빠르게 움직였는지 짐작할 수 있는 대목이다.

암스테르담의 VOC 본사와 바타비아의 본부 그리고 나가사키 데지마 상관 사이에 오간 기록을 보면, 네덜란드는 조선의 금과 은, 동 같은 광물에 관심이 많았다. 반면 일본에서 주석이 인기가 높은 것으로 보아 조선에서도 히트 상품이 될 것이라 예상했다. 조선의 비단, 호랑이 가죽, 한약재 등도 군침 도는 교역 대상이었다. 조선에 억류되었던 하멜 일행의 증언을 들어보니 조선이 일본으로부터 수입하는 사슴 가죽, 후추, 설탕 같은 물품들은 대부분 네덜란드가 일본에 수출한 것들이었다. 굳이 일본을 거치지 않고 직접 교역하면 더 큰 이득이 나겠다는 계산도 섰다. 코레아 호는 이듬해인 1670년 6월 1일 바타비아에 도착한다.

VOC는 나가사키에 있는 데지마 상관장에게 은밀하게 일본 측의 분위기를 파악하라고 지시한다. 데지마 상관장이 보내온 동향 보고서는 그러나 부정적이었다. 일본은 이미 네덜란드의 움직임을 눈치채고 발 빠른 대응 체제를 갖춰 놓았다는 얘기였다. 지금까지 조선과 무역을 독점한 것은 대마도의 도주이고 일본은 네덜란드가 여기에 끼어드는 것을 강력히 반대하고 있다는 내용이 바타비아 총독에게 전해졌다. 만약 이를 무시하고 네덜란드가 조선과 직교역에 나선다면 데지마 상관을 폐쇄할 수밖에 없다는 분위기라고까지 했다. 1669년 10월 5일 나가사키 상관이 바타비아 총독에게 보고한 서한의 개요는 이렇다.

조선은 서양과의 접촉과 문호를 엄하게 금지하고 있으며 교역도 원치 않는다. 조선은 가난한 데다 큰 배가 드나들기에 적합한 무역항구가 없다. 일본과 중국 또한 우리와 조선의 교역을 원치 않는다.

논의를 종합해보면 새로운 시장인 조선과의 교역은 불확실한데 반해 일본과의 교역은 확실하며 막대한 이익을 남기고 있었다. 새로운 시장개척을 시도하기에는 리스크가 매우 컸다. VOC는 치열한 내부토론을 거친 끝에 조선과 직교역을 당분간 포기

한다는 결론을 내리기에 이른다. 이렇게 해서 막대한 자금을 들여 건조한 코레아 호는 이름과 달리 단 한 번도 코레아에 가지 못한 채 그 수명을 다하게 된다.

일본은 결국 네덜란드와 조선의 직접 교역을 막는 데 성공했다. 일본이 오랫동안 구축해온 정보의 힘 덕분이었다. 물론 네덜란드가 접근했다고 해도 조선 조정으로부터 우호적인 반응을 기대하기는 힘들었을지 모른다. 게다가 청나라 눈치도 봐야 했다. 역사에 '만약'은 무의미하다지만, 그때 만약 코레아 호가 조선에 왔다고 하면 세상은 또 얼마나 달라졌을까?

나가사키의 난학과
조선의 잃어버린 100년

하멜이 1년 이상 체류하면서 《하멜표류기》를 썼던 나가사키는 외국과 통상이 이뤄지던 장소였다. 그러다 보니 자연스레 통사通詞라 불리는 사람들이 많이 거주했다. 통역과 세관을 겸하는 관리를 일컫는 말로, 일본어로는 '쓰지'라 불렸다. 중국에서는 통역업무를 담당하는 이들을 통관通官이라 했으며, 조선에서는 역관譯官이라 불렀다. 조선 시대는 한어漢語, 청어淸語(만주어), 일본어 등 세 가지 언어가 주축이었다.

반면 일본은 쇄국 이전 이미 국제화 시대를 맞고 있었다. 16세기 중반에 포르투갈 선박이 규슈의 남쪽 끝 다네가시마에 도착해 서양식 총 기술을 전달했으며 스페인 선교사 프란시스코 하비에르가 기독교 포교를 하기 시작했다. 일본인들도 동남아시아 각국에 진출해 곳곳에 일본인 거리가 생겼다. 17세기 초 해외에 거주하는 일본인의 숫자는 5,000명이 넘었다. 나가사키는 남만무역의 거점 역할을 했고, 외국어를 전문적으로 다루는 통사들도 생겨났다. 초기에는 포르투갈어 통역자가 등장했지만, 시간이 지나면서 네덜란드어 전문 통사들이 많아졌다. 일본 측 자료에 따르면 막부 말기에는 140명 넘는 네덜란드어 통사가 있었다. 통사들은 서양사람을 제일 먼저 만나고 그들과 대화를 통해 정보와 지식을 가장 먼저 접하는 사람이었다. 그들 중 호기심과 열정이 넘치던 일부가 서양 학문의 최전선에 서게 된다.

데지마에는 무역에 종사하는 상인 이외에 상관에 소속된 의사와 과학자도 많이 왔다. 일본의 근대화 과정에서 의사의 역할은 매우 컸다. 동인도회사에는 주축을 이루는 네덜란드 사람들 말고도 독일, 스칸디나비아, 영국 등 다른 유럽인이 포함되어 있었다. 하멜과 비슷한 시기 일본에 와서 서양식 의술을 전파하고 최초로 동양의 침술에 관한 책을 쓴 네덜란드 의사가 있었다. 흔히 '쇼군의 어의'라 불리던 빌렘 텐 라이네Willem ten Rhijne(1647~1700)가 그 주인공이다. 그는 최고 권력자인 도쿠가와 이에야스의 신병 치료를 위해 일본 막부幕府가 네덜란드 동인도회사를 통해 초빙한 의사였다.

물론 데지마에 들어오는 네덜란드 상선에도 선의船醫가 있었지만, 대부분 외과 의사들이었다. 17세기만 해도 일본에서는 외과 의사나 상선의 선의를 대단히 훌륭한 의사라고 간주하지 않았다. 배에 탑승한 의사는 근대적인 의학교육을 총체적으로 배웠다기보다 외과의로서 기술을 일부 갖춘 정도였기 때문이다. 일본 정부는 제대로 된 의학박사를 초빙하고 싶다는 요청을 네 덜란드 측에 했고, VOC는 정식 의사 선발과정을 거쳐 1673년에 채용한 의사 빌렘 텐 라이네를 이듬해 일본에 파견했다.

텐 라이네는 당시 유럽 의학의 중심지인 레이던Leiden에서 정식 으로 의학을 공부하고 스물한 살 나이에 의학박사 학위를 취득 한 전도양양한 지식인이었다. 그는 처음 나가사키 데지마에 도 착한 뒤 에도로 가서 일본 지도부에게 서양식 의료기술을 선보 인다. 그가 약 2년간 에도에 체류하는 동안 일본인들은 네덜란 드 서적과 배에 있던 선의들을 통해 간헐적으로 배워온 서양 의 학을 본격적으로 학습한다. 그러나 당시 일본에는 해부학 등 서 양 의학에 대한 기초 지식조차 없는 상태였으므로 통역과 번역 과정에서 매우 심한 어려움을 겪었다고 한다.

게다가 텐 라이네가 막상 일본에 도착해 보니 일본 측이 '쇼군 의 어의御醫'를 요청했다는 내용은 통역상의 오류였던 걸로 밝혀 진다. 실망감을 금치 못한 텐 라이네는 2년간 에도에 머물다가 VOC의 아시아본부가 있는 바타비아로 돌아갔고, 그곳에서 남 다른 업적을 하나 남겼으니 침구학 관련 책을 집필한 것이다. 서 양에 최초로 소개된 동양의 침술 관련 책이었다.

텐 라이네의 침구학 서적은 유럽에서 잠시 인기를 끌었지만, 문화와 과학에 대한 풍토가 다른 탓인지 더 이상 널리 유포되지 않은 채 묻혀버렸다. 그는 남아프리카의 희망봉과 네덜란드인들의 그곳 정착 과정, 그리고 호텐토트Hottentotes라 불리는 현지 종족에 관한 원고를 남긴 뒤 바타비아에서 생을 마감한다.

이후 1690년부터 1692년까지 동인도회사 소속으로 일본을 방문한 독일인 의사 엥겔베르트 캠퍼Engelbert Kaempfer가《일본지日本誌, The History of Japan》라는 책을 간행했는데, 이 책을 일본 난학자가 번역하면서 '쇄국鎖國'이란 단어를 맨 처음 사용한 것으로 유명하다. 독일인 의사이자 생물학자인 필리프 프란츠 폰 지볼트역시 일찍이 일본에서 서양 의학을 가르친 유럽인으로 널리 알려진 인물이다.

일본의 통사들은 서양 의사나 과학자들과 꾸준히 접촉하면서 동양과 체계가 완전히 다른 서양의 자연과학과 의학에 눈뜨고, '란가꾸'라 부르는 난학蘭學을 일으키는 데 중요한 역할을 한다. 난학이란 네덜란드 학문, 더 나아가 서양학을 말한다.

일본 막부는 네덜란드와 교역을 하면서 서양의 진기한 물건을 구하는 것 이상으로 서양의 정보를 구하는 데 노력을 쏟았다. 도쿠가와 요시무네德川吉宗(1716년 9월 28일~1745년 10월 20일 집권)는 양서洋書의 수입 금지를 완화하고 실학을 장려함으로써 난학이 탄생하는 데 결정적 역할을 한다. 이로써 나가사키로 들어오는 수입품 가운데 약품, 일용품 못지않게 서양 서적 수입 비율이 급격히 높아지는데 특히 의학, 천문역학 관련 서적이 많았다.

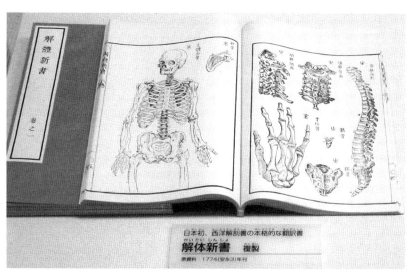

日本初、西洋解剖書の本格的な翻訳書
解体新書 複製
原資料：1774(安永3)年刊

1774년 일본에서 발간된 《해체신서》 초판.
독일 의사 쿨무스가 쓴 《해부도표》의 네덜란드어 번역본을 일본어로 중역한 책이다. 일본 의사 스기타 겐파쿠가 번역 총책임자가 되어 다른 의사와 통사들의 협력 아래 진행한 번역작업은 참고할 사전조차 없는 상태에서 신경, 동맥, 연골 등 기존 일본어에 없던 의학용어를 한자 신조어로 만들어가는 악전고투 끝에 2년 만에 번역해냈다. 근대 일본의 역사는 《해체신서》 출간 이전과 이후로 나뉜다고 할 만큼 일본 근대화에 절대적인 영향을 끼쳤다.

도쿠가와 요시무네가 아오키 곤요青木昆陽와 본초학자 노로 겐죠野呂元丈에게 네덜란드어를 배우고 번역하도록 명령한 이후 서양 학문 연구는 본궤도에 올랐다. 이후 아오키 곤요는《화란문자약고和蘭文字略考》《화란화역和蘭話譯》을, 노로 겐조는《오란다본초화해阿蘭陀本草和解》을 저술했다.

1774년, 난학에 중요한 이정표가 되는《해체신서解体新書》가 마침내 간행되었다. 일본 지식인 사회는《해체신서》출간 이전과 이후로 나뉜다고 할 만큼 이 책은 일본 사회에 절대적인 영향을 끼쳤다. 독일 의사 쿨무스의《해부도표Anatomische Tabellen》라는 책이 네덜란드어로 번역되어《타펠 아나토미아Ontleedkundige Tafelen》라는 제목으로 나왔는데,《해체신서》는 이를 일본어로 중역한 책이다. 일본 의사 스기타 겐파쿠가 번역 총책임자가 되어 마에노 료타쿠 등 다른 의사와 통사들이 협력해 마침내 이 책을 완역할 수 있었다. 참고할 사전조차 없는 상태에서 신경, 동맥, 연골 등 기존 일본어에 없던 의학용어를 한자 신조어로 만들어가면서 2년 만에 번역해냈으니 그 고생은 이루 말할 수 없었다.

《해체신서》가 발간된 1774년이란 시점을 주의 깊게 살펴볼 필요가 있다. 하멜이 여수를 탈출해 나가사키 데지마에 도착한 것이 1666년이었으니 그때부터 약 100여 년이 흐른 뒤였다. 그 사이 일본인들은 하멜이 소속된 동인도회사 사람들과 접촉하면서 공리공론을 논하는 대신 의학과 동·식물학, 본초학(약학), 지리,

공학 등 실용 학문을 배우는 데 집중한다. 난학을 통해 체득한 합리적 사고와 인간 평등사상은 막부 말기의 일본에 지대한 사상적 영향을 끼쳤다. 일본이 데지마 상관을 통해 100여 년을 서양 탐구에 공을 들였다면, 조선으로서는 잃어버린 100년이었다. 조선은 하멜을 통한 혁신 기회를 허공에 날려 버렸다.

한편 데지마는 동서양 예술의 소통 창구 역할도 담당했다. VOC 상관을 통해 새로운 안료 및 완전히 다른 스타일의 서양 미술을 접한 일본 예술가들은 충격에 가까운 자극을 경험한다. 당대 최고 수준이었던 네덜란드 미술의 원근법, 음영 기법 및 색채는 이후 일본 우키요에 화가들에게 큰 영향을 미친다.

일본 예술가들이 특히 매료된 것은 서양의 파란색 안료, 지금까지 한 번도 본 적 없던 색이었다. 정식명칭은 '프러시안 블루'이지만 일본인들은 이 선명한 파란색을 가리켜 '베로아이ベロ藍'라 불렀다. 그것은 베를린을 '베로'라 잘못 발음한 데서 생긴 용어다. 1763년 프러시안 블루를 일본에 처음 소개한 사람은 난학자이며 화가로서 다재다능했던 히라가 겐나이었다.

이후 일본 전통그림인 우키요에浮世繪 화가들에게 이 안료가 전해지고, 천재 화가 가츠시카 호쿠사이가 자신의 작품에 사용하기에 이른다. 우키요에는 미인화, 가부키 배우 그림을 중심으로 발전하고 있었는데 19세기 호쿠사이의 등장과 함께 풍경화라는 장르를 정립한다. 후지산의 다양한 풍경을 그린 '후가쿠 36경

빈센트 반 고흐의 그림 '탕귀 영감의 초상'.
초상화 배경으로 사용된 수많은 일본 우키요에 그림들이 눈길을 끈다.

富嶽三十六景'은 프러시안 블루 안료를 사용한 명작이다. 최신 파란색 안료는 '가나가와 바닷가의 높은 파도' 등 또 다른 명작이 탄생하는 데 큰 역할을 한다.

반면 우키요에 화가들의 작품은 19세기 후반 유럽 인상주의 화가들에게 막대한 영향을 미쳐서 '자포니즘'을 유행시킨다. 호쿠사이의 화조화첩은 19세기 프랑스를 중심으로 유행한 디자인 공예 운동인 아르누보에 영감을 주었다. 특히 클로드 모네의 작품 '포플러 나무'Poplars는 우키요에로부터 큰 영향을 받았다. 우키요에 화가들의 작품에 큰 자극을 받은 유명화가 중 한 명이 빈센트 반 고흐다. 그가 파리 시절 가깝게 지냈던 화상 '탕귀 영감의 초상' 배경에 많은 일본 그림들을 그려 넣었다는 것은 널리 알려진 사실이다. 반 고흐는 하멜이 제주도에 도착하고 200년 뒤에 태어난 네덜란드인 후예다. 문화는 이렇듯 서로 영향을 주고받으며 발전한다.

19세기 후반 네덜란드 동인도회사가 해체된 이후에도 나가사키는 성큼성큼 근대화의 길을 걸어나갔다. 일본이 프랑스, 영국인들과 손잡고 최초의 근대식 조선 시설과 해군사관학교를 설립한 곳도 나가사키였다. 이때 급성장한 기업이 미쓰비시, 스코틀랜드인들을 통해 배운 채굴기술로 석탄 및 철광석 탄광을 개발하는 한편 함선 건조까지 하던, 군산복합체 기업이었다. 나가사키에 조선인 징용이 유독 많았던 것도 그 이유 때문이었다. 현재

나가사키 시내를 돌아다니는 트램은 당시 군수공장과 해군부대, 노동자들이 살던 지역을 연결하는 코스를 원형으로 한다. 산업이라는 관점에서 보면 한국의 포항이나 울산은 나가사키와 비슷한 성장 모델을 갖고 있다.

동인도회사가 해체된 뒤에도 얼마간 유지되던 데지마 네덜란드 상관은 1859년 공식적으로 폐쇄됐다. 일본이 서구에 의해 강제 개방되면서 나가사키는 유일한 무역항으로서 특권도 상실한다. 중국을 대상으로 한 당관唐館도 문을 닫았다. 데지마는 1904년 항만개량공사로 매립된 뒤 섬의 기능을 상실했다.

2차 세계대전 때 나가사키가 원자폭탄을 맞는 불행을 경험했기에 옛 모습을 찾아보기는 힘들다. 다만 1990년 중반부터 꾸준히 데지마 복원사업을 추진한 결과 상관장 건물과 난학관 등이 다시 들어서는 등 하멜 당시의 분위기를 일부나마 체험할 수 있다. 근처에는 외국인들이 모여 살던 주택가 언덕인 오란다자카オランダ坂(네덜란드 언덕)가 있어서 관광객들이 많이 찾는다.

하멜의 힘, 회복탄력성

《하멜표류기》이후 고향으로 돌아간 그의 인생에 대해서는 별로 알려진 것이 없다. 조선에서 탈출한 이후 사망하기 전까지 한 번 더 아시아로 향하는 배를 탔다고만 전해질 뿐이다.

난파 사고와 13년간의 억류라는 트라우마가 머릿속을 지배했을 텐데 왜 배를 타지 않으면 안 되었는지, 정확한 사유는 알 수 없다. 먹고살기 위해서 그랬을까? 아니면 먼 아시아에 대한 그리움의 감정이 남아 있던 것일까? 하멜에게 돈과 자유는 하나였다. 그에게 자유는 관념적인 개념이 아니었다. 육체적 구속으로부터의 자유, 경제의 자유, 숨 막히는 공간으로부터의 자유, 답답한 현실로부터의 자유를 의미했다.

하멜은 1692년 2월 12일 62세의 나이로 고향에서 눈을 감는다. 62년이란 인생은 길지 않지만, 위생이나 의료수준이 현대에 미치지 못했던 당시의 기준으로 본다면 짧은 것도 아니다. 생전에 그가 결혼했다는 기록은 없다. 네덜란드로 돌아간 후에도 평생 독신으로 남았다.

독신으로 생을 마감한 하멜이기에 세상에 남긴 자식도 없다. 그러나 그는 다른 형태의 분신을 세상에 남겼다. 《하멜표류기》가 그것이다. 1668년 네덜란드에서 처음 발간된 후 350년이 지난 지금까지도 이 책은 하멜의 분신 역할을 하고 있다. 조선이라는 나라를 직접 경험하고 이를 서방세계에 알린 최초의 서양인이라는 명예도 그에게 안겼다. 오래전에 그는 세상을 떠났지만 《하멜표류기》라는 이름으로 여전히 살아있다.

이 책은 한반도의 동서 교류사라는 관점에서 보자면 기념비적인 작품이다. 하지만 그것만이 이 책이 갖는 의미와 매력의 전부일까? 한 개인의 서사에 주목해보면 이 책의 보편적인 가치는 훨씬 더 크다. 꿈을 품은 한 젊은 남자가 집을 떠나 넓은 세상에 도전했다가 예기치 않은 사건과 사고를 만나고 음모에 빠져 좌절을 겪은 후 다시 힘들게 일어나는 이야기이다. 공감과 감동은 바로 이 부분에 있다.

세상의 유명한 고전들은 대부분 역경 극복의 서사이다. '백설공주' '신데렐라' '헨젤과 그레텔' '브레멘 음악대' 같은 《그림 동화》들이 할머니에서 엄마로, 엄마에서 아이들로 계속 전승되는 이유는 그 이야기들이 하나같이 고난 극복의 서사이기 때문이다. 할리우드 영화의 공식으로 표현한다면 고난을 이겨낸 '성공

스토리Sucess Story'라 할 수 있다. 잭 하트의 《논픽션 쓰기Storycraft》는 스토리텔링을 공부하는 사람들에게 교과서 역할을 하는 책인데 스토리의 뿌리, 공감을 받는 이야기의 공식에 대해 간결하게 정리하고 있다. 스토리는 기본적으로 욕망을 가진 캐릭터에서 시작하며, 무언가를 원하는 주인공이 그것을 이루기 위해 발버둥 치는 일련의 행위(이것이 이야기의 실질적인 구조다)를 통해 이야기가 전개된다는 것이다. 즉 '주인공–시련–결말'이라는 스토리의 유형으로 이루어진다.

호메로스가 쓴 서양 최고의 고전 《오디세이아》 역시 오디세우스라는 인물이 원치 않는 트로이 전쟁에 참전했다가 무수한 고난과 시련을 겪고 유혹을 이겨낸 뒤 고향 이타카에 돌아온다는 영웅의 서사이다. 왜 사람들은 고난 극복의 이야기에 열광할까? 누구나 삶에 고비가 있고 좌절과 눈물의 순간에 맞닥뜨리며 예기치 않게 고난을 겪기 때문이다. 주인공의 시련과 좌절을 보면서 공감하고 위안 삼다가 극적인 해피엔딩에 용기를 얻는다.

할리우드의 시나리오 전문가인 크리스토퍼 보글러 역시 비슷한 의견을 밝혔다. 사람들은 전설적인 영웅의 이야기에 자신의 삶을 대입하고, 시련을 겪을 때 이 이야기 속 영웅의 서사를 자기 삶의 지침으로 삼아 극복한다는 것이다. 대중이 영웅 이야기에 열광하는 이유, 나아가 우리 삶에 영웅 이야기가 필요한 이유가 바로 여기에 있다. 위기의 시대일수록, 세상과 삶에 고전苦戰

하멜의 고향 호르쿰에 세워진 동상.

하멜의 삶을 따라가는 여정은 그 자체로 한편의 위대한 성장 스토리를 보는 것과 같다. 예기치 않은 운명의 진창에 내던져진 후 몇 번이나 위험한 고비를 넘기지만, 그때마다 그는 더 강하게 단련되었다. 그리고 마침내 긴 여정을 거쳐 고향으로 돌아가기까지…, 그 모든 이야기가 극적인 드라마였다.

하면 할수록 고전古典을 다시 찾는 이유도 같은 맥락이다.

소설, 드라마, 영화 같은 스토리텔링의 세계에서 역경이 크면 클수록 스토리도 커진다는 명언이 있다. 역경이란 단어를 뒤집으면 '경력'이 된다. 인생에서 역경은 훌륭한 이야기가 된다는 뜻이다. 북한식 용어로 하면 역경이 순경으로 뒤바뀌는 순간이다.

그것은 '회복탄력성resilience'이라는 개념과 연결된다. 탄력성, 회복력 등으로 번역되기도 한다. 튼튼한 나무는 강풍에 휘청거리지만 결국은 제자리로 돌아온다. 그것을 가리켜 회복탄력성, 혹은 탄성이라 한다. 탄력성이 약한 나무는 강풍이 불면 부러지거나 뿌리가 뽑힌다. 오늘날 심리학, 정신의학, 교육학, 사회학, 커뮤니케이션, 경제학 등 다양한 분야에서 연구되고 강조하는 개념이다.

나이를 먹어가는 중년에게도 회복탄력성은 매우 중요하다. 〈뉴욕타임스〉는 '중년에 회복탄력성을 키우는 법'이란 제목의 글에서 탄력성을 키우기 위해서는 '마음 근육' 단련법이 중요하다고 강조했다. 육체적 근육이 약하면 자주 다치고 허약해지듯이, 심리적으로 근육이 단련되지 않으면 스트레스를 받을 때 금방 좌절해버린다는 것이다.

살다 보면 인생의 고비 고비마다 뜻하지 않은 가혹한 고통과 마주하게 된다. 친구나 가족의 사망, 이혼, 부상, 승진 탈락, 사업 실패, 퇴사, 실직 같은 것들은 그 하나하나가 견뎌내기 힘든 인생 과제들이다. 역경을 이겨내지 못해 좌절하거나 심지어 스스로 목숨을 끊는 일도 목격한다. 실패가 잦았던 사람보다 성공 가도를 달리던 사람들이 오히려 위기에서 더 큰 타격을 받고 일어나지 못한다. 그러니 육체처럼 정신과 영혼도 스트레칭이 필요하다. 뭐든지 그냥 이뤄지는 법은 없다. 연습하고 단련하며 마음 근육을 만들어야 한다.

마음 근육이란 세상일과 고난이라는 부정적 상황마저 긍정적 방식으로 받아들이는 습관 구축이며 인생의 바닥에서 다시 치고 올라오는 힘이다.

인간은 노력하는 한 길을 잃게 마련이라고 괴테가 말했던가? 그렇다. 세상 그 누구보다 성실하고 열심히 살았던 헨드릭 하멜이었지만 태풍은 삶을 엉뚱한 곳으로 내동댕이쳤다. 그의 인생은 불운과 고난으로 가득했다. 낯설고 무서운 곳에서 빠져 나오기 위해 오랫동안 미로를 헤매야 했다. 그런 상황에 부닥치면 대부분 세상을 향해 분노하다가 좌절하고 만다. 하지만 그는 운명에 투덜거릴 겨를조차 없이 고난을 견뎌낸 끝에 마침내 출구를 찾아 뚜벅뚜벅 걸어 나왔다.

제주도 앞바다에서 하멜을 태운 네덜란드 동인도회사의 상선 스페르베르가 난파된 지 367년이 지났을 무렵 또 다른 태풍이 지구촌을 덮쳤고 내 삶도 강타했다. 코로나-19라는 이름의 재난이었다. 오랫동안 준비하고 계획했던 모든 것들이 무용지물이 되어버리는 상황을 속수무책으로 지켜볼 수밖에 없었다.

혹시나 출구전략의 실마리라도 발견했으면 하는 절박한 마음에서 《하멜표류기》를 다시 읽었다. 세월의 먼지가 수북이 쌓여 있는 도서관의 오래된 자료들과 친구가 되었다. 하멜의 자취를 따라 서울과 제주도, 전라남도 강진과 여수의 골목길을 걷고 또 걸었다. 그러는 사이 계절은 여섯 번 바뀌었다. 소화되지 않은 돌덩이처럼 내 마음을 짓누르던 감정들이 어느 날 스르르 녹기 시작했다. 하멜의 고난에 비한다면 코로나로 인한 나의 고통은 아무것도 아니었다.

만약 그때 하멜을 만나지 않았다면 지금 내 삶은 어떻게 되어 있을까? 넘어지고 상처받더라도 회복탄력성이 있다면 언제든 다시 일어설 수 있다는 것을 하멜의 인생은 나에게 가르쳐주었다. 그런 점에서 하멜은 인생의 진정한 혁신가였다. 혁신을 멈춘 인생은 고대 이집트의 문명처럼 화석으로 남는다.

팬데믹은 엄청난 고통이었지만, 역설적으로 이 책은 팬데믹과 하멜이 내게 준 선물이다. 스티브 잡스의 표현을 빌자면, 하멜의 인생을 따라가는 '여행은 그 과정 자체로 보상The Journey Is the Reward'이었다.

2022년 그의 사망 330주년을 앞두고 위기의 시대에 다시 만난 하멜은 나에게 좋은 친구, 위대한 스승이었다.

토트 진스Tot Ziens(Good Bye)!